多维视角

英汉文化对比与翻译研究

金靓 著

延边大学出版社

图书在版编目（CIP）数据

多维视角英汉文化对比与翻译研究 / 金靓著 . -- 延吉：
延边大学出版社, 2023.1
ISBN 978-7-230-04480-6

Ⅰ . ①多… Ⅱ . ①金… Ⅲ . ①文化语言学—对比研究—
英语、汉语②英语—翻译—研究 Ⅳ . ① H0-05
② H315.9

中国国家版本馆 CIP 数据核字（2023）第 027586 号

多维视角英汉文化对比与翻译研究

著　　者：金　靓
责任编辑：翟秀薇
封面设计：文合文化
出版发行：延边大学出版社
社　　址：吉林省延吉市公园路 977 号　　　邮　编：133002
网　　址：http://www. ydcbs. com　　　　　E-mail：ydcbs@ydcbs. com
电　　话：0433-2732435　　　　　　　　　传　真：0433-2732434
印　　刷：天津市天玺印务有限公司
开　　本：787 毫米 × 1092 毫米　　　1/16
印　　张：9
字　　数：200 千字
版　　次：2023 年 1 月第 1 版
印　　次：2024 年 3 月第 2 次印刷
书　　号：ISBN 978-7-230-04480-6

定　　价：45.00 元

前　言

　　语言是文化交流的载体，有了语言，人类的文化才得以更好地发展和传承。各国文化不同，语言也不尽相同，语言的不同主要体现在描述角度和表达形式等方面。翻译是两种文化和语言沟通交流的纽带，英语和汉语存在诸多差异。这些差异与译者的思维、语言表达紧密相关，影响着翻译效果。

　　英语和汉语是两种文化不同、风格迥异的语言体系。英语是世界上应用范围较广泛的语言，在中国拥有众多的学习者，英语的学习和应用受到越来越多人的重视。汉语有着悠久的历史、深厚的文化积淀以及独特的结构规则和审美特征。在这两种语言的翻译转换过程中，译者常常会受到语言的符号体系、句法结构规则、语义表达方式、语言应用的环境及文化习惯等方面的影响和制约，容易造成一些失误，从而影响翻译的效度。因此，英汉语言的对比与中西文化差异的研究就变得非常重要。人们通过对比英汉语言和分析中西文化差异，可以掌握两种语言和文化的特点，进而在翻译时有效辅助译者工作。

　　文化融合是指具有不同特质的文化通过相互间的接触、交流，进而相互吸收、渗透，融为一体的过程。语言离不开文化，语言文字的传播即文化的传播，而翻译是跨文化交流的桥梁。在当今这样飞速发展的信息时代，语言与文化的交流随着各国文字翻译作品的层出不穷而日益频繁。

　　本书在撰写时参考了很多相关专家的研究文献，也得到了许多专家和老师的帮助，在此真诚地表示感谢。虽然在成书过程中作者翻阅了大量资料，进行了多次修改与校验，但限于作者水平，书中难免会有疏漏，恳请广大专家、学者和读者批评指正。

CONTENTS 目录

第一章　文化与翻译

　　语言是文化的组成部分，翻译是对语言的转换，它是一种跨文化的交际行为，体现出两种或者多种语言之间的文化差异和社会差异。如果译者疏忽了对语言所涵盖的文化背景和文化内涵的传达，就谈不上真正地忠实原文。因此，这种语言的转换，除了是语言形式层面的转换，也是对文化的再次升华和传播。

第一节　文化的概述

　　"文化"一词，在汉英两种语言中都有很深的历史渊源。随着社会的不断发展，人们对文化内涵研究的兴趣日益浓厚，"文化"逐渐被赋予新的内涵，也日益成为人们深入探讨的一门学问。

一、文化的定义

　　"文"与"化"两字最早出现在古代典籍《周易·贲卦》："观乎天文，以察时变；观乎人文，以化成天下。"其中，"观乎人文，以化成天下"是指要观

1

察人文，把握社会中的人伦秩序，使天下之人均能遵从文明礼仪，进而推及天下，以成大化。句中"人文"与"化成天下"相结合，实际上具备了"文化"一词的基本含义，即通过人伦教化使人们自觉行动。

《辞海》对文化也有广义和狭义之分。广义上的"文化"是指人类社会历史实践过程中所创造的物质财富和精神财富的总和；狭义上的"文化"是指社会的意识形态以及与之相适应的制度和组织机构。

英国文化人类学家爱德华·泰勒在《原始文化》（1871）一书中，首次把"文化"作为一个概念提出，并且将它系统地表述为："文化是一种复杂体，它包括知识、信仰、艺术道德、法律、风俗以及其余社会上学得的能力与习惯。"

社会语言学家戈德朗夫和本尼迪克特则从跨文化语言交际的角度进行研究，他们直接将文化定义为："文化是由人们为了使自己的活动方式被社会的其他成员接受，所必须知晓和相信的一切组成。作为人们不得不学习的一种有别于生物遗传的东西，文化必须由学习的终端产品'知识'组成。"

在《中西文化之鉴》一书中，语言学者莉奈尔·戴维斯给文化的定义是："信仰、习俗、价值观、行为、制度和交流模式的总和，它们在可识别的人群中被共享、学习并代代相传。这可能是最广泛接受的文化定义。"

由此可见，中西方关于文化内涵的说法可谓见仁见智。总而言之，文化就是人们所觉、所思、所言、所为的总和。在不同的生态环境下，不同的民族创造了自己的文化，也被自己的文化所塑造。

二、文化的分类

按照不同的分类标准，可以对文化进行不同的分类。

（一）按照文化内涵进行分类

根据文化内涵的特点，可将文化分为知识文化和交际文化。

1. 知识文化

指非语言标志的，在跨文化交际中不直接产生影响的文化知识，主要表现形式为物质形式，如文物古迹、艺术品等。

2. 交际文化

指在跨文化交际中直接发生影响的文化因素，主要以非物质为表现形式。具体而言，交际文化又可分为外显交际文化和内隐交际文化。

①外显交际文化是指那些比较外显，易于察觉和把握的文化，如生活方式、社会习俗等。

②内隐交际文化往往不易觉察和把握，如世界观、价值观、思维方式、民族个性特征等，因而它更为重要且需要人们给予更多的关注。只有对内隐交际文化进行深入研究，了解和把握对方的价值取向、心理结构、情感特征等，才能满足一些深层次交往的需要，如政治外交、学术交流、商务往来等。

（二）按照表现形式进行分类

根据表现形式可将文化分为物质文化、制度文化、心态文化和行为文化。

1. 物质文化

指人类在社会实践中的物质生产活动以及产品的总和，用来满足人类最基本的生存需要——衣、食、住、行。物质文化直接对自然界进行利用改造，最终以物质实体反映出来，它是可感知的。具有物质实体的文化事物，如建筑、工具、器皿等。物质文化直接反映人与自然的关系，反映人类对自然界认识、把握、利用、改造的深入程度，反映社会生产力的发展水平。物质文化构成整个文化创造的基础。

2. 制度文化

指人类在社会实践中建立的各种社会规范和组织，以及逐渐形成的一定的规章制度或行为准则。这些制度既对物质财富创造者有约束作用，又服务于物质财富的创造。制度文化用于规范人们的行为，如社会经济制度、婚姻制度、家族制度、政治法律制度等以及随之产生的大量组织结构，如国家、民族、政治、宗教、科技、艺术、教育等。总而言之，制度文化指的是人类社会的制度法则。

3. 心态文化

指人类在长期的社会实践和意识活动中形成的价值观、审美观和思维方式。它是文化的核心部分和最高层次。具体而言，心态文化又可以分为社会心理和社会意识两个层面：社会心理是指社会群体的精神状态及思想面貌；社会意识是比社会心理更高一个层次的文化，是在社会心理的基础上进行总结、归纳而得的思想文化结晶。可以说，心态文化构建的情况可以反映一个民族的文化水平。

4. 行为文化

指人类在长期的实践交往过程中约定俗成的一些行为模式。行为文化在民风、民俗方面体现得较为突出，并具有鲜明的民族、地域特色，如待人接物的礼仪、婚葬嫁娶等。

（三）按照文化层次进行分类

根据文化层次的高低，可以将文化分为高层文化、深层文化与民间文化。

1. 高层文化

又称"精英文化"，是指相对来说较为高雅的文化内涵，如哲学、历史、文学、艺术等。

2. 深层文化

又称"背景文化"，是指那些隐而不露，但起指导和决定作用的文化内涵，如世界观、态度情感、价值观、思维模式等。深层文化和前面提到的内隐交际文化类似。

3. 民间文化

又称"通俗文化"，是指那些与人们生活密切相关的文化内涵，如风俗习惯、生活方式、社交准则等。

（四）按照对语境的依赖程度进行划分

根据文化对语境依赖程度的不同，可将其分为高语境文化和低语境文化。这种分类是根据美国人类学家爱德华·霍尔的著作《超越文化》中的文化分类标准进行划分的。

1. 高语境文化

高语境文化是指对语境的依赖程度较高，主要借助非语言符号进行交际的文化。在高语境文化中，人们在生活体验、信息网络等方面几乎是同一或同质的，大量的信息已经蕴含在语境中或内化在交际参与者的头脑里。其主要代表国家有中国、日本、韩国等。

2. 低语境文化

低语境文化是指对语境的依赖程度较低，主要借助语言符号进行交际的文化。在这种文化中，人们之间的差异或异质性较大，人们在进行彼此交往时需要较为详尽的背景或语境信息，因为语境或交际参与者身上所蕴含的潜在信息很少。其主要代表国家有美国、瑞士、德国等。

由于高、低语境文化的人群对语境依赖程度的不同，其成员对语言表达效果的期待也有所不同。当来自这两种文化的成员进行交际时，必须充分了解彼此的文化，并灵活地调整自己的交际策略和交际方式，使沟通顺利进行。

三、文化的特征

（一）文化具有社会性

文化是相对于"自然"而言的，是自然的"人化"，即人们对自然界的东西进行加工和改造，使之打上人类活动的印记，成为社会的产品。人们的这种活动过程和结果都是不同于自然的社会文化现象。

（二）文化具有民族性

文化是人类社会生活中的现象，而迄今为止的人类社会都是按民族或国家（由单一或多民族组成）来区分的，因而文化具有了民族性特征。文化的民族性主要表现在不同民族文化具有不同的价值观、不同的民族心理、不同的民族语言与不同的民俗习惯。不同民族文化的不同特点又体现了文化的多样性。

（三）文化具有时代性

文化的时代性是指世界各民族在社会发展阶段所具有的适应时代发展的共同特点。由于人们常从不同角度来划分时代，所以文化的时代性表现在多方面。从社会发展的角度可以将时代划分为：原始社会时代、奴隶社会时代、封建社会时代、资本主义社会时代、社会主义社会时代和未来的共产主义社会时代。不同时代的文化呈现出不同的特点，在整体上则表现出人类文化由低级向高级不断进步的历程。

（四）文化具有阶级性

在阶级社会，文化不可避免地被打上阶级的烙印。在社会中占据统治地位的阶级，总是在文化上占据着统治地位，利用文化为自己的利益服务。阶级社会中的文化具有一定的阶级属性。它集中表现在政治、法律思想与相应的制度上。

第二节　翻译的概述

一、翻译的定义

关于对翻译定义的叙述，中外翻译界、文化界呈现出百家争鸣的局面，随着翻译事业的发展，从新的视角对翻译定义的探讨也层出不穷。国内外专家和学者对翻译的理解也可谓仁者见仁，智者见智。

《牛津高阶英语词典》对翻译的解释是："用不同的语言来表达说话或写作的意思。"

英国翻译研究界的元老彼得·纽马克这样给翻译下定义："翻译是一种尝试用另一种语言的相同信息和/或陈述代替一种语言的书面信息和/或陈述的技巧。翻译是按照作者的意图将文本的意思翻译成另一种语言。"根据其观点，翻译是一门富于创造性的艺术，它是把一个文本的意义按作者所想的方式移译入另一种语言。

北京外国语大学教授王克非则认为："翻译是一种文化活动，旨在将一种语言文字所蕴含的意思用另一种语言文字表达出来。"

著名翻译家沈苏儒认为："翻译是把具有某一文化背景的发送者用某种语言（文字）所表达的内容尽可能充分地、有效地传达给使用另一种语言（文字），具有另一种文化背景的接受者。"

我国著名翻译家及翻译理论家孙致礼给翻译下的定义是："翻译是把一种语言表达的意义用另一种语言传达出来，以达到沟通思想情感，传播文化知识，促进社会文明，特别是推动译语文化兴旺昌盛的目的。"

著名的翻译理论家张今则认为："翻译事实上是两种语言社会间的交际过程和工具，其任务是将原作中包含的现实世界的逻辑映像或艺术映像完美地在两种语言之间进行转换。翻译还具有促进本语言社会的政治、经济和文化进步的作用。"

钟书能在英汉翻译技巧中也对翻译进行了概述，他认为："翻译具体来说是一种翻译实践活动，是一种跨越时空的语言活动，是通过运用一种语言把另外一种语言所表达的内容重新表达出来而达到不同民族之间沟通交流的脑力劳动。翻译作为一种语言活动，它包括理解和表达两个方面。理解是指对源出语（source language）文本进行分析和彻底了解原文的意义，表达是以目的语（target language）再现在原文中所理解的内容。"

二、翻译的分类

翻译有很多种分类标准和方法，在此主要结合著名语言学家罗曼·雅各布森符号学的三分法和翻译所涉及的语言对其分类加以分析。

按照涉及的语言符号即翻译所涉及的两种代码的性质对翻译进行分类，可以将其分为语内翻译、语际翻译和符际翻译。

（一）语内翻译

语内翻译指在同一种语言内部用一种语言的符号对另一种语言的符号所做出的阐释。如方言与方言、古代语与现代语之间的语言转换都属于语内翻译。

（二）语际翻译

语际翻译是指一种语言文字的意义用另一种语言文字表达出来。如汉语与英语、德语、俄语等之间的转换属于语际翻译。

（三）符际翻译

符际翻译是用语言符号解释非语言符号或用非语言符号系统阐释语言符号。如小说改编成为电影，就是文字符号转换成影像符号的符际翻译。

除此之外，还可以按照所涉及的语言对翻译进行分类，即从译出语和译入语的角度而言，翻译可分为母语译成外语、外语译成母语两大类，如英译汉、汉译英等。

实际应用中还有许多分类标准和方法，这里不再一一赘述。本书中所讲的翻译，主要是从英汉文化对比的意义上来谈英汉的文化翻译。

三、翻译的过程

翻译作为一种复杂、艰苦的思维过程，有别于其他语言活动的过程。对其过程的理解和阐释见仁见智。

有学者从符号学的角度将翻译过程描述为信息输入、黑箱、信息输出三个阶段。其中，黑箱阶段很难有具体而确切的描述，因而人们对翻译过程的描述并没有实质性的突破。

美国语言学家、翻译家尤金·奈达在《论翻译》中将翻译分为准备、工作和核校三阶段。

南开大学教授王宏印在《英汉翻译综合教程》中，将翻译视为完整的交际过程，并认为创作是翻译的先导和基础，翻译是创作的发展和继续。

中国英汉语比较研究会会长杨自检认为，翻译的思维过程包含了形象思维、灵感思维的交错运用，翻译的思维过程不是一维的抽象思维，而是理解原作和对原作加以表达的过程。

由此可见，翻译是以语言为媒介、以译者为主体的创造性活动。在此过程中，翻译客体是具有整体性、系统性、可读性、稳定性、可译性、可读性、外伸性等特征的文本。为了获得理性的译文，翻译过程，尤其是理解和表达阶段就必定是错综复杂的。

第三节　文化与翻译的关系

在翻译过程中,翻译者都比较注重文化与翻译的关系。文化与翻译作为两种社会现象,二者关系密切,文化促进和制约着翻译活动,翻译活动丰富和促进文化交流。

一、文化对翻译的影响

(一)文化干预翻译过程

美国语言学家爱德华·霍尔认为:"翻译不但是两种语言体系的接触,而且是两种不同文化的接触,乃至是不同程度的文明的接触。翻译过程不仅仅由语言因素所决定,还由社会因素和心理因素所决定。"由此可见,翻译在语言转换的过程中要考虑交际语境,这里的交际语境指的就是文化因素。一方面,文化是共同性的,任何文化之间都有一定的重叠,这也是翻译的基础;另一方面,文化是多样性的,这便是翻译的难点。

对原文的理解固然重要,但翻译的最终结果还是要表达出来。例如,一篇文章对读者所传达的不仅是文字知识,还包括其在特定社会条件下所形成的独特的文化信息。因此,译者如果仅从文字的表面推敲,就很难准确理解原文的精神实质,自然译文也难以再现原文的神韵。这就需要译者准确分析和翻译原文的文化。译者本身也是一个文化个体,他可能并没有意识到,但他确实正受到自身文化身份的影响。而且,这种文化烙印的影响还会贯穿翻译过程的始终。

众所周知,语言是一种社会文化现象,是社会文化发展的产物。任何语言的生存和发展都离不开其赖以生长的社会文化环境。

语言及其他交际系统是文化的一个成分或层次。显然,语言不可与文化等同。除了语言之外，文化还包括若干成分或层次。从这个角度来看，语言与文化的关系是部分与整体的关系。我们不知道语言与文化何时产生，但可以想象它们一定是同时产生的，即语言本身是一个具有文化价值的符号系统。

一定的语言总是和一定的文化相关联。语言是相关文化（尤其是文学）的关键。由于语言本身只能在语言所处的文化背景中才能被充分认识，因此语言和文化总是被一起研究。使用者通过语言的使用来识别自己和他人，他们也把语言看作从属于某个社会团体的一个标志。对一种语言的禁用往往被使用者看作对其文化的否定。因此可以说，语言象征着文化现实。

（二）文化影响翻译形式

文化具有强势与弱势之分，文化的强势与弱势指的是某一文化领域的强与弱，它会影响翻译进行的形式。翻译怎样的作品、如何翻译，既受译者本身文化身份的影响，也视文化环境和文化背景而定，特别是受强势文化的制约。翻译本身是有一定目的性的文化活动。在具体的两种语言的互译中，强势和弱势文化在选材上的不平衡现象就更加明显。

例如，罗马人在征服希腊后，带着一种"胜利者"的心态，把希腊作品视为一种可以由他们任意宰割的"文学战利品"而对其进行随意翻译。又如，在我国晚清西学东渐的背景下，《圣经》的汉译也是以外来译者即西方来华的传教士为主体。面对晚清社会的落后，《圣经》的译者比先前的外来佛经译者表现出更强的使命感，认为拯救中国是历史赋予他们的使命。事实上，这既是为了传播基督教思想，也是为了对中华民族进行政治与文化上的渗透。

（三）文化影响对原文的理解

各种语言中数不胜数的典故性成语和习惯用语具有强烈的文化特征。对它们的正确理解取决于其中蕴含的文化，因此文化是翻译成功的关键。以下几个例子足以说明文化差异是译者理解原文的最大障碍。

例 1：He would be an excellent candidate for the position. He has energy, knowledge, and experience. But he has got an Achilles heel——his terrible temper.

如果将该句英文译成："他是这个职位的理想候选人，他精力充沛、有知识、有经验，但他有个阿喀琉斯之踵——脾气臭。"

中国读者看到这句译文必定会云里雾里。不了解 Achilles heel（阿喀琉斯之踵）这个典故，就不可能把它译好。Achilles heel 这个典故出自荷马史诗《伊利亚特》。史诗中有一位希腊英雄名叫 Achilles（阿喀琉斯），他出生后被他母亲倒提着在冥河中浸湿，以使其刀枪不入。阿喀琉斯全身浸入水中，唯独脚跟被母亲抓在手中未浸湿，故其脚跟成了他唯一的致命弱点。之后，阿喀琉斯在战斗中恰恰因脚跟受伤而死。后来，Achilles heel 成了"唯一致命弱点"的代名词。

英汉中都有大量口头流传和文字记载下来的典故，反映出两种语言背后丰富的文化。几乎所有人在说话和写作时都会引经据典。如果译者不了解目的语中的历史、传说、文学或宗教中的人物或事件，势必会对源语产生误解。

再看下面一例：

例 2：Don't ask me about that. It's all Greek to me.

这个看似简单的句子，要想译出水平，也不容易。它绝不是"别问我这个，对我来说都是希腊文"。如果这样译的话，中国读者看了也会是一头雾水，不明就里。"It's all Greek to me."出自莎士比亚的戏剧，意思是"我对此一窍不通"。如果不真正了解源语所包含的文化，翻译时就很可能望文生义。

宗教信仰对人们的生活有着重要影响，英美国家的许多人信奉基督教，《圣经》中的人和事都在英语语言的表达上有所体现。如"a kiss of death"绝不是"亲吻死亡"的意思。此语出自《圣经》故事。Judas（犹大），耶稣的 12 个门徒之一，为了 30 块银币把耶稣出卖给犹太教祭司，在最后的晚餐上吻了耶稣。此语表示"表面上友好实际上坑害人的行为"。特定的宗教信仰产生了语言的特定含义。在中国传统宗教文化中，与佛教和道教有关的典故比比皆是。如"临时抱佛脚""放下屠刀，立地成佛""道高一尺魔高一丈"等。如果译者缺乏对宗教文化的深刻了解，就难以鉴别句子的文化内涵，从而难以准确翻译原文。

（四）文化对译义重构的影响

文化对译文的重构也会产生极大的影响。在翻译过程中，不可能不遇到具有鲜明民族文化特征的习语。习语翻译实际上是如何在译入语中处理由源语习语表现出的各种不同文化特征的问题，将某一语言中的习语用译入语读者能够接受、理解的习语或语言形式译出。

英汉语言中的确有一些等效习语。如 "Walls have ears" 和 "隔墙有耳" 在形式和意义上都十分相似。这类习语在翻译中不构成如何处理的问题。但是，能够表现相同形象、意义、用法的习语毕竟是少数。在不同文化背景下产生的习语绝大部分只能是部分对应或毫不相干。即便译者对源语文化了解很到位，但如果他对本土文化不甚清楚或一知半解，势必会导致译文成为穿着汉字外衣的英语或穿着英语外衣的汉语。这样翻译出来的译文，远远不可能达到 "信" "达" "雅" 的境界。下面几个例子足以说明问题。

例 3：When he blames her for wasting money, he conveniently forgets that he regularly loses half his own wage by getting on the wrong horses. It is the pot calling the kettle black, I'd say.

译：他一面责备她乱花钱，一面却几乎忘记了他自己赌马常常输钱，把自己一半薪水都输掉了。我得说，这真是五十步笑百步。

两种语言互译的基础是意义。句中的 "the pot calls the kettle black" 根据上下文的意思，应理解为 "两个人有同样的缺点和错误" 或 "指责别人而自己也犯有同样的过失"。如果对中文典故 "五十步笑百步" 不甚了解的话，译者对该英文习语的汉译文重构就不可能到位。如果将其翻译成 "锅称壶黑"，中文读者会觉得有点费解；而将其译为 "五十步笑百步"，中文读者立马就能心领神会。这样的译文才真正做到了达意、传神。因为，"五十步笑百步" 的含义是 "两个人都有错，只是一个比另一个程度轻点儿罢了"。用它来翻译 "the pot calls the kettle black" 再贴切不过了。

例 4：某单位宴请外国专家，虽然桌上是美味佳肴，但主人起身盛情举杯："今天饭菜不好，请多包涵，先干上一杯。"

这番话在中文语境文化中，意思表达得恰到好处，十分得体。然而，如果对英语国家的相关文化不甚了解的话，按字面意思直译出来的话，势必让外国专家疑惑：既然宴请，为何用不好的饭菜？汉语特有的文化强调恭敬、谦卑。人们在请客吃饭时，一般都会竭尽所能来招待客人，但出于谦虚，无论做得怎么好都会说一些贬损自己的话。而英语语言文化强调的恰恰与汉语言文化相反。他们以 "honesty"（诚实）为行为准则。译者唯有对英语语言文化有了透彻的了解，他对译文的重构就能灵活、得体的处理。例 4 不妨译为："These are the best dishes we are able to prepare. Please make yourself at home. Now, to everyone, bottom up!"经过灵活处理的译文和汉语原文都十分符合各自语言的"文化语境"和"情景语境"。

例 5：Speak of the devil, and there he appears/he is sure to appear.

这句话的意思是："正说到某人，某人就来到眼前。"如果不考虑汉语言文化因素，将 devil 直译成"魔鬼"，没有一个中国人愿意成为文中所说的"魔鬼"。而汉语习语"说到曹操，曹操就到"，正是上述英语成语的绝妙佳译。习语中的"曹操"也绝非实指那位中国古代风流人物。如果了解了这句成语背后的文化含义，避免了"曹操"和"devil"两个词语的直译，也就避免了由于望文生义而出现误译。

例 6：汉语中的"鸿门宴"应译为"Hongmen Feast with a trap for the invited"。

若不了解古代中国楚汉相争时的历史背景，译者很可能会直译成"Hongmen Feast"。该译法则会让西方人士觉得莫名其妙，不能确切理解"鸿门宴"的真正含义。

由于语言与文化有着密不可分的关系，文化对翻译就必然会产生很大的影响。为了避免因文化对翻译产生影响，译者就要清楚地意识到，作为翻译工作者，不仅要精通双语言，更要精通"双文化"，要善于识别待译作品中所隐含的文化内涵，不断培养自身的"文化意识"，提高处理文化差异的能力。在翻译过程中，仔细分析隐含在词句、篇章中容易引起语义冲突的文化因素，根据具体语篇，在不违背原文语言的表达基础上再现原文语句的文化意蕴，达到忠实原文的目的，真正实现两种文化的沟通与移植。

二、翻译对文化的作用

一个民族的文化发展不仅要依靠自身文化，还应以辩证的眼光吸纳外来文化。翻译作为吸纳外来文化的重要手段，其对文化的作用主要表现为以下几个方面。

（一）翻译促进译语文化的发展

翻译旨在加强不同文化之间的交流和沟通，推动民族文化的传播。文化依靠语言实现传播，而翻译则兼具文化信息存储能力、认知表达能力、文化传播能力等。可见，当我们使用文化对某一事物进行阐述或对某种思想进行详细表达时，其本质是传播文化。而翻译则是重要的介质，其与大众媒体不可分割、相辅相成。例如，若没有阿拉伯翻译人员，古希腊文化就会销声匿迹。

鉴于我国民族文化的特殊性，自然科学、历史文学、民间艺术、宗教组织、本土信仰等均受外国文化的影响，因此涌现出许多翻译人员。这些翻译人员作为中外文化的友好使者出现在各类大型书刊中，譬如玄奘、徐光启、鸠摩罗什等，带动了多文化交流和多文化传播的发展。以鸠摩罗什为例，作为一代高僧，他精通汉文和梵文，对经文的表达十分准确，文字极为流畅，被誉为"文字典丽、辞喻婉约"的文化使者，且与真谛、玄奘、不空并称"佛经四大翻译家"。利玛窦将数学、物理、地理等西方书籍引入中国，并翻译成汉语，开启了中西方文化交流的先河，推动了我国近代文明的发展。利玛窦还深入钻研了儒家经典文化，顺应了我国文化的发展，将《四书》翻译成为拉丁文，对我国古代文明的传播起到了重要的作用。

（二）翻译使译语文学更加丰富

在经济全球化背景下，跨文化交流呈现多层次、多样化的发展趋势，尤其是汉语与英语的互通取得了显著成绩。大量外来词汇涌入汉语文化，成为全民争相关注的新课题，各类翻译作品深入大众的日常生活和工作中，与我国民族文化有机融合。譬如享受生活（enjoy your life）、出租车（taxi）、电子邮件（E-mail）等逐渐成为国人的日常用语。同时，大量的英语缩写得到了广泛应用，如 NBA（National Basketball Association）、VIP（very important person）等。诸如此类词汇使汉语文化更加丰富多彩，推动了我国文化的发展，让中国人能用更为生动形象的词汇表达汉语文化中不存在的各类事物。

从本质上看，翻译是对文化作品的完美诠释，但仅凭机器翻译难以表达语言文字中所蕴含的深刻含义。我国最早的翻译高潮出现在 18 世纪末期，中国文学读者开始阅读大量的外文书籍和小说，这使中文知识分子摒弃了传统的文学观念，将小说列入诗词歌赋等文学作品的行列，小说正式进入文学领域。经历了一段时间的发展，小说带动了传统写作技巧的变革，给我国学术界甚至是近代文化带来了巨大的变化。因此，翻译对我国文化发展有着不可忽视的作用，它有助于语言文化的现代化发展。同时，翻译引进了全新的思想内容，对话剧、新诗的发展至关重要，对后代价值观和人生观的影响尤为深远。

三、文化与翻译的互动关系

（一）翻译活动的范围取决于民族文化

翻译活动受到民族心理开放程度的影响，若一个民族的思想观念开放程度较高，则翻译活动更容易开展。一种独立的文化是难以自我满足的，必须不断吸收其他民族文化才能得到发展，否则只会逐渐衰落直至消亡。文化不仅可以促进翻译活动的发展，也会在某些方面对翻译活动起到制约作用。闻一多先生曾表示，中国、希腊、印度和以色列的四种文化同时发展，其中希腊、印度和以色列的三种文化发生了转变，主要原因是他们只敢给予却不敢接纳。而中国在敢于给予的同时，并不是非常害怕接纳，所以最后仍旧是自己文化的主人，但是也仅仅是躲过了没落的这场劫难而已。这里的"给予"是指文化输出，"接纳"则指文化输入，这两者都和翻译活动密切相关。在文化交流的过程中，若始终处于"害怕接纳"的状态，只会同希腊、印度和以色列的文化一样走向没落。

作为社会发展过程中的产物，翻译活动受制于文化的需求程度，只有行为文化、意识文化、物质文化等文化领域对文化的需求程度越大，这一领域中的翻译活动才会不断增多。

明代徐光启等人在意识到我国学术落后于他国较多时，主张将西方有价值的书籍翻译成中文，并且通过学习国外先进的科学技术发展我国文化。因此在这一时期，我国翻译的国外书籍多以科学技术作品为主。在五四运动后，中国知识分子需要革命理论与思想，于是许多译者开始翻译马列主义的经典著作。在革命年代，大多数的文学作品翻译都用于革命事业，因此在当时背景下，许多文学名著在国外并不畅销，但这些作品畅销于中国。

（二）文化的强弱影响翻译活动的形式

从翻译的社会意义角度来看，翻译本身就具有一定的倾向性和目的性，属于文化活动。在文学翻译中，一般越强势的文化越能产生影响力，而弱势文化整体影响力较低。在实际翻译中，具体两种语言的对译更能显示出文化选材中强势与弱势的不平衡性。例如当希腊被罗马人征服之后，罗马人将希腊文学作品当作可以任由自己发挥的文学性战利品，并随意翻译这些作品。这种行为与罗马作为"胜利者"的心态有着紧密关联。在晚清时期，西学东渐现象较为严重，此时《圣经》成为西方来华传教士翻译的主要内容，面对逐渐衰落的晚清社会，传教士明显表现出强烈的历史感与责任感，认为自己的责任与使命就是将中国人从水深火热的生活中拯救出来。这不仅反映了西方传教士的基督教思想，也是对我国民族文化及政治文化的渗透。

政治制度文化或行为规范文化也会对翻译活动造成一定影响。在苏联时期，其政治制度决定着苏联翻译家的翻译实践过程。苏联时期的翻译家在进行翻译时，坚决遵守"为人民服务"与"为社会建设服务"的理念，严格按照原著作者的思想、原著表现艺术、原著知识价值选择翻译方式，有计划、有组织地翻译出版。

翻译对我国社会经济发展有着至关重要的作用，其在受到各类文化限制的同时，带动了各类文化的发展和变革，这就对翻译人员的综合素质提出了高要求。译者除了具备多种语言能力外，还应有较强的沟通能力，为跨文化交流构建桥梁，进而促进本国文化的全面发展。

第二章　英汉语言文化与翻译对比

语言是文化的载体，文化是语言的灵魂。无论是英语还是汉语，二者语言的使用都有特殊的含义。翻译的目的不仅仅在于将语言进行转化，更重要的是要将这层特殊的文化内涵说明清楚。只有重视语言中的文化内涵，才能克服翻译过程中的语言障碍，真正达到文化交流的目的。

第一节　英汉句式文化与翻译对比

句子由词和词组构成，它是可以表达完整含义的语言单位，也是语言运用的基本单位。由于所属语系和思维方式的不同，英汉语言在句式上存在显著的差异。以下笔者就对英汉句式文化进行对比分析，并在此基础上说明英汉句式的翻译方法。

一、英汉句式文化对比

（一）形合与意合对比

英汉语言在句式结构上最基本、最主要、最根本的差异可以说是意合（parataxis）与形合（hypotaxis）的差异。语言学家奈达认为，从语言学角度来说，英汉语言之间最重要的区别特征莫过于意合与形合的差别。

形合与意合是语言连词成句的内在依据，其概念有广义与狭义之分。广义上的形合包括显性的语法形态标志和词汇两种形式手段，指一切凭借语言形式和形态手段完成句法组合的方式，包括语汇词类标记、词组标记、语法范畴标记、句法项标记、分句与分句之间的句法层级标记、句型标记、句式标记等。而狭义上的形合仅指词汇手段，即语言中词与词、句与句的结合，主要凭借关系词和连接词等显性手段。

广义上的意合指不借助形式手段来体现词语之间或句子之间的意义或逻辑关系，而狭义上的意合只指句子层次上的语义或逻辑关系。

许多专家和学者都指出，英语属于形合特征明显的语言，汉语属于意合特征明显的语言。但实际上语言并没有完全的形合与意合之分，只是一种语言更侧重于某一方面而已。

英语注重形合，所以造句时十分重视形式的接应，要求句子结构完整，而且句子以形寓意，以法摄神，因此英语句式较为规范和严密。也正是英语的这些特点使英语中有丰富的连接手段，如连词、关系代词、连接代词、关系副词等。此外，英语重形合的特点也使得英语句子结构如同大树一样，主干分明、枝繁叶茂，句子也呈现出以形驭意、以形统神的特点。例如：

His children were as ragged and wild as if they belonged to nobody.

他的几个孩子都穿得破破烂烂，粗野不堪，像没爹没娘似的。

And I take heart from the fact that the enemy, which boasts that it can occupy the strategic point in a couple of hours, has not yet been able to take even the outlying regions, because of the stiff resistance that gets in the way.

由于在前进的道路上受到顽强抵抗，吹嘘能在几个小时内就占领战略要地的敌人甚至还没有攻占外围地带，这一事实使我增强了信心。

Some fishing boats were becalmed just in front of us. Their shadows slept, or almost slept, upon that water, a gentle quivering alone showing that it was not complete sleep, or if sleep, that it was sleep with dreams.

渔舟三五, 横泊眼前, 樯影倒映水面, 仿佛睡去, 偶尔微颤, 似又未尝深眠, 恍若惊梦。

汉语注重意合, 所以造句时重视意念的连贯, 通常不求句子结构的整齐, 而要求句子以意驭形, 以神统法。正是由于汉语的这一特点, 汉语中较少使用显性的连接手段和连接词, 句子各成分之间的逻辑关系主要依靠上下文和事理顺序来间接显示。这也使得汉语的句子结构就像竹子一般, 地上根根分离, 地下盘根错节, 呈现形散而神聚的特点。例如:

跑得了和尚, 跑不了庙。

The monk may run away, but never his temple.

到南京时, 有朋友约去游逛, 勾留了一日; 第二日上午便须渡江到浦口, 下午上车北去。(朱自清《背影》)

A friend kept me in Nanjing for a day to see sights, and the next morning I was to cross the Yangtze to Pukou to take the afternoon train to the north.

我从此便整天的站在柜台里, 专管我的职务。虽然没有什么失职, 但总觉得有些单调, 有些无聊。掌柜是一副凶脸孔, 主顾也没有好声气, 教人活泼不得; 只有孔乙己到店, 才可以笑几声, 所以至今还记得。(鲁迅《孔乙己》)

Thenceforward I stood all day behind the counter, fully engaged with my duties. Although I gave satisfaction at this work, I found it monotonous and futile. Our employer was a fierce-looking individual, and the customers were a morose lot, so that it was impossible to be gay. Only when Kung I-chi came to the tavern could I laugh a little. That is why I still remember him.(杨宪益、戴乃迭译)

(二) 英汉句子语序对比

每一种语言的使用习惯都反映了其民族的思维模式和文化习惯。英语民族强调"人物分立", 注重形式论证与逻辑分析, 提倡个人思维, 思维体现"主体—行为—行为客体—行为标志"的模式, 所以其语言就呈现出"主语 + 谓语 +

19

宾语＋状语"的顺序。英语属于综合型语言，句子的语序相对固定，但也有一定的变化。而汉民族主张"物我交融""天人合一"，注重个人的感受，崇尚主体思维，思维体现"主体—行为标志—行为—行为客体"的模式，语言的表达也就呈现出"主语＋状语＋谓语＋宾语"的顺序。汉语属于分析型语言，句子的语系比较固定。从语言的表达顺序上可以看出，定语和状语位置的不同是英汉语言在语系上的主要差异。以下针对定语和状语的位置来分析英汉句子语序的差异。

1. 定语位置对比

英语中定语的位置较为灵活，一般有两种情况：①以单词作定语时，通常放在所修饰词前；②以短语和从句作定语时要放在所修饰词之后。

汉语中定语的位置较为固定，一般位于所修饰词的前面，后置的情况则十分少见。例如：

It was a conference fruitful of results.（后置）

这是一次富有成果的会议。（前置）

English is a language easy to learn but difficult to master.（后置）

英语是一门容易学但很难精通的语言。（前置）

We have helped Russia privatize its economy and build a civil society marked by free elections and an active press.（后置）

我们帮助俄罗斯将经济私有化，并建设一个以自由选举和积极的新闻媒体为标志的公民社会。（前置）

This time he changed his mind. He did not encourage him to become a hero because he could no longer stand the poignancy of losing his last child.（后置）

这次老人改变了主意，决心不让小儿子成为一个出众的英雄好汉，因为他再也不能忍受失去最后一个儿子的痛苦了。（前置）

2. 状语位置对比

英语中状语的位置灵活且复杂，一般包含两种情况：①由单个单词构成的状语一般位于句首、谓语之前、助动词和谓语动词之间，或者句末；②状语如果较长，则一般放在句首或句尾，不放在句中。但在汉语中，状语的位置较为固定，一般位于主语之后谓语之前，有时为了起强调作用，也会位于主语之前或句末。例如：

I will never agree to their demand.

我绝不同意他们的要求。

Given bad weather, I will stay at home.

假使天气不好，我就待在家里。

The flight was canceled due to the heavy fog.

航班因大雾取消。

The news briefing was held in Room 201 at about eight o'clock yesterday morning.

新闻发布会是昨天上午八点左右在 201 会议室召开的。

有时一个句子中会包含多个状语，如时间状语、地点状语、方式状语、让步状语等。针对这种情况，英语的表达顺序是方式、地点、时间；而汉语则恰恰相反，其表达顺序是时间、地点、方式。例如：

The bank will not change the check unless you can identify yourself.

只有证明你的身份，银行才会为你兑换支票。

Many elderly men like to fish or play Chinese chess in the fresh morning air in Beihai Park every day.

很多老人都喜欢每天上午在北海公园清新的空气中钓鱼、下棋。

I was born in Burdine, Kentucky, in the heart of the Appalachian coal–mining country.

我出生于阿巴拉契亚山脉煤矿区中心的肯塔基州柏定市。

The spacecraft Shenzhou Ⅲ was successfully launched at 22:15 p.m. today in the Jiuquan Satellite Launch Center in Northwest China's Gansu province.

神舟三号飞船于今天 22 点 15 分在中国西北部甘肃省的酒泉卫星发射中心成功发射。

另外，当句中含有两个较长的状语时，英语一般将其置于句中，而汉语则习惯将其置于句首和句尾。例如：

Suddenly the President, looking out over the vast landscape, said, with an underlying excitement in his voice, the words I gave earlier...

总统眺望着辽阔的景色，突然用很兴奋的语调说了我在前文已经提到过的话……

Established in April 1961, the China Ocean Shipping Corporation has, in the past 28 years through arduous efforts, with the support from the State, expanded its shipping business and increased its number of ships.

中国远洋运输公司成立于 1961 年 4 月，至今已有 28 年的历史。28 年来，在国家的大力支持下，经过不懈的努力，公司业务和船舶数量迅速发展和增加起来。

二、英汉句式文化翻译

（一）从句的翻译

1. 名词性从句的翻译

英语名词性从句主要包括主语从句、宾语从句、表语从句和同位语从句，其中主语从句、宾语从句和表语从句可采用顺译法按照原文顺序直接进行翻译。而对于同位语从句，可以采用顺译法进行翻译，也可以将从句提前进行翻译。例如：

What he told me was half–true.

他告诉我的是半真半假的东西而已。

He would remind people again that it was decided not only by himself but by lots of others.

他再次提醒大家，决定这件事的不止他一个人，还有其他许多人。

They were very suspicious of the assumption that he would rather kill himself than surrender.

对于他宁愿自杀也不投降这种假设，他们是很怀疑的。

2. 定语从句的翻译

从上述内容了解到，英汉定语差异集中体现在位置的不同上。除此之外，英汉定语从句的发展方向也有所不同。通常英语中定语从句的发展方向为向右，汉语中定语从句的发展方向为向左。因此，在翻译定语从句时可采用以下方法进行处理。

（1）译为汉语中的"的"字结构

例如：

He was an old man who hunted wild animals all his life in the mountains.

这是一位老人，在山里打一辈子猎。

The early lessons I learned about overcoming obstacles also gave me the confidence to chart my own course.

我早年学到的克服重重障碍的经验教训也给了我规划自己人生旅程的信心。

（2）译为并列分句

例如：

He was a unique manager because he had several waiters who had followed him around from restaurant to restaurant.

他是个与众不同的经理，有几个服务员一直跟着他从一家餐馆跳槽到另一家餐馆。

（3）译为状语从句

例如：

He also said I was fun, bright and could do anything I put my mind to.

他说我很风趣，很聪明，只要用心什么事情都能做成。

There was something original, independent, and practical about the plan that pleased all of them.

这个方案富于创造性，别出心裁，实践性强，所以他们都很满意。

3. 状语从句的翻译

在翻译英语状语从句时，将其译成汉语分句即可。例如：

He shouted as he ran.

他一边跑，一边喊。

The crops failed because the season was dry.

因为气候干燥，作物歉收。

Given notes in detail to the texts, the readers can study by themselves.

要是备有详细的课文注释，读者便可以自学了。

The book is unsatisfactory in that it lacks a good index.

这本书不能令人满意，因为它缺少一个完善的索引。

Although he seems hearty and outgoing in public, Mr. Smith is a withdraw and introverted man.

虽然史密斯先生在公共场合是热情和开朗的，但他是一个性格孤僻、内向的人。

（二）长难句的翻译

英语讲究句子表达的准确性和严谨性，借助词汇、语法、逻辑等手段将句子中的各个成分连接起来，使各个成分环环相扣，因此英语中长而复杂的句子十分常见。这也正是英语翻译的难点。具体而言，译者在翻译英语长难句时，首先要了解原文的句法结构，明白句子的中心所在以及各个层次的含义；其次要分析几层意思之间的相互逻辑关系；最后要根据译文的表达方式和行文特点，正确地译出原文的含义。通常，翻译英语长难句可采用以下几种方法。

1. 顺译

如果英语长句内容的表达顺序是按时间先后或者逻辑关系安排的，那么就可以采用顺译法进行翻译，即直接按照原文表达顺序译成汉语。需要指出的是，顺译不等于将每个词都按照原句的顺序翻译，因为英汉语言并非完全对等，也需要进行灵活变通。例如：

As soon as I got to the trees I stopped and dismounted to enjoy the delightful sensation the shade produced: there out of its power I could best appreciate the sun shining in splendor on the wide green hilly earth and in the green translucent foliage above my head.

我一走进树丛，便跳下车来，享受着这片浓荫带来的喜人的感觉：在那里，我可以尽情欣赏阳光灿烂地照耀在开阔葱茏、此起彼伏的山地上，照耀在我头顶绿色半透明的树叶上。

It begins as a childlike interest in the grand spectacle and exciting event; it grows as a mature interest in the variety and complexity of the drama, the splendid achievements and terrible failures; it ends as deep sense of the mystery of man's life of all the dead, great and obscure, who once walked the earth, and of wonderful and awful possibilities of being a human being.

我们对历史的爱好源于我们最初对一些历史上的宏伟场面和激动人心的事件感到如孩童般的兴趣；其后，这种爱好变得成熟，我们开始对历史这出"戏剧"的多样性和复杂性，对历史上的辉煌成就和悲壮失败也感兴趣；对历史的爱好，最终以我们对人类生命的一种深沉的神秘感而告终。对死去的，无论是伟大与平凡，所有在这个地球上走过而已逝的人，都有能取得伟大奇迹或制造可怕事件的潜力。

2. 逆译

英语句子和汉语句子的表达顺序并非完全相同，在大多数情况下，英语句子与汉语句子在表达相同意思时的表述顺序有很大差异，有时甚至完全相反，此时就可以采用逆译法进行翻译，也就是逆着原文顺序从后向前译。例如：

There is no agreement whether methodology refers to the concepts peculiar to historical work in general or to the research techniques appropriate to the various branches of historical inquiry.

所谓方法论是指一般的历史研究中的特有概念，还是指历史研究中各个具体领域适用的研究手段，人们对此意见不一。

Safety concerns over mobile phones have grown as more people rely on them for everyday communication, although the evidence to date has given the technology a clean bill of health when it comes to serious conditions like brain cancer.

虽然迄今为止没有证据能证明手机会导致脑癌等重大疾病，但是由于越来越多的人依靠手机进行日常通信，手机安全问题也日益受到关注。

3. 分译

分译又称"拆译"，是指将英语句子中某些成分（如词、词组或从句）从句子中拆出来另行处理，这样不仅利于句子的总体安排，也便于突出重点。例如：

Television, it is often said, keeps one informed about current events, allows one to follow the latest developments in science and politics, and offers an endless series of programs which are both instructive and entertaining.

人们常说，通过电视可以了解时事，掌握科学和政治的最新动态。除此之外，从电视里还可以看到既有教育意义又有娱乐性的新节目。

While the present century in its teens, and on one sunshiny morning in June, there drove up to the great iron gate of Miss Pinkerton's academy for young ladies, on Cheswick Mall, a large family coach with two fat horses in blazing harness, driven by a fat coachman in a three-cornered hat and wig, at the rate of four miles an hour.

（当时）这世纪刚过了十几年。在 6 月的一个阳光明媚的早上，切斯威克林荫道上平克顿女子学校的大铁门前面来了一辆宽敞的私人马车。拉车的两匹肥马套着雪亮的马具，一个肥胖的车夫戴了假头发和三角帽子。车子的速度是每小时 4 英里。

4. 综合译

在具体的翻译实践中，有时很难使用一种翻译方法对原文进行恰当的翻译，更多的时候需要综合使用多种翻译方法，这样可以使译文更加准确、自然、流畅。例如：

She was a product of the fancy, the feeling, the innate affection of the untutored but poetic mind of her mother combined with the gravity and poise which were characteristics of her father.

她的母亲虽然没受过教育，但有一个含有诗意的心胸，充满幻想、感性且天生仁厚；她的父亲又有沉着、稳重的性格。两方面结合起来就形成她这样一个人了。

But Rebecca was a young lady of too much resolution and energy of character to permit herself much useless and unseemly sorrow for the irrevocable past: so, having devoted only the proper portion of regret to it, she wisely turned her whole attention towards the future, which was now vastly more important to her. And she surveyed her position, and its hopes, doubts, and chances.

但年轻的瑞贝卡女士意志坚决，性格刚强，觉得既往不可追，悲伤也没有用，叫别人看着反而不雅，因此后悔了一阵便算了。她明智地用全副精神来盘算将来的事，因为现在和未来对她来说更加重要。她估计自己的处境，有多少希望，多少疑难，多少机会。

第二节　英汉修辞文化与翻译对比

修辞是人类在长期的社会实践中锤炼而成的，是能够提高人们语言表达效果的方法。修辞同时存在于英汉两种语言中，英汉两种语言中的修辞既有相同之处，又有不同之处。本节就英汉两种语言常见的几种修辞方式进行对比分析，并在此基础上说明其翻译方法。

一、英汉修辞文化对比

（一）英汉比喻对比

不把要说的事物平淡直白地说出来，而用另外的与它有相似的事物来表现的修辞方式，叫作"比喻"（figures of comparison）。比喻又称"譬喻"，俗称"打比方"。比喻这种修辞方式在英汉语言中都十分常见。其中，在分类上，英汉比喻就存在着相似之处，如都有明喻和暗喻之分。除明喻和暗喻之外，汉语比喻还包含借喻。此外，在修辞效果上，英汉比喻也基本相同，即都能有效增添语言的魅力，使语言更具生动性、形象性。

英汉比喻也存在显著的差异，即英语比喻中的暗喻涵盖范围更广，相当于汉语暗喻、借喻和拟物三种修辞格。但汉语比喻的结构形式更为复杂，划分也更为细致。以下就重点对英汉比喻的不同之处进行对比分析。

1. 英语暗喻类似汉语暗喻

英语暗喻与汉语暗喻在基本格式上是相同的，即本体和喻体同时出现。例如：

Life is an isthmus between two eternities.

生命是生死两端之间的峡道。

Every man has in himself a continent of undiscovered character. Happy is he who acts the Columbus to his own soul.

每个人心中都有一块未发现的个性的大陆。谁扮演了哥伦布，谁在心中就是幸福的。

2. 英语暗喻类似汉语借喻

英语暗喻与汉语借喻极为相似，在这种修辞格中，喻体是象征性的，并包含一个未言明的本体。例如：

It seemed to be the entrance to a vast hive of six or seven floors.

那似乎是一个六七层的大蜂箱的入口。

Laws are like cobwebs, they catch flies but let hornets/wasps go free.

法律像蛛网，捕苍蝇而放走黄蜂。

3. 英语暗喻类似汉语拟物

英语暗喻与汉语拟物也有着相似之处，它们都是把人当作物，或把某事物当作另一事物来描述。例如：

His eyes were blazing with anger.

他两眼发出愤怒的火光。

Inside, the crimson room bloomed with light.

里面，那红色的房间里灯火辉煌。

（二）英汉排比对比

排比（parallelism）是指利用两个或两个以上结构相同或相似、意义相关的短语或句子平行并列，起到加强语气的一种修辞方式。英汉两种语言中都有排比这种修辞方式，而且它们之间既有相同之处，也有不同之处，相同之处表现为有相同的分类。英汉排比都有严式排比和宽式排比之分，这两种排比方式有着相同的修辞效果，都能有效增加语言的连贯性，突出文章的内容，加强文章的气势和节奏感。

英汉排比的不同之处主要体现在结构上，具体表现在省略和替代两个方面。在省略方面，英语排比很少有省略现象，只有在少数情况下有省略词语的现象，通常省的多是动词这种提示语，有时也省略名词。例如：

Reading maketh a full man, conference a ready man, and writing an exact man.

读书使人充实，讨论使人机智，笔记使人准确。

The first glass for thirst, the second for nourishment, the third for pleasure, and the fourth for madness.

一杯解渴，两杯营养，三杯尽兴，四杯癫狂。

而汉语排比中基本不存在省略现象。例如：

我们要搞具有中国特色的社会主义，没有远大理想，没有宽阔胸怀，没有自我牺牲精神，怎么行呢？

在替代方面，英语排比的后项通常用人称代词来指代前项的名词，汉语排比则常常重复这一名词。例如：

Crafty men contemn studies, simple men admire them, and wise men use them.

有一技之长者看不起学习；无知者艳羡学习；聪明者活学活用。

（三）英汉夸张对比

夸张（hyperbole）是运用丰富的想象，夸大事物的特征，以增强表达效果的修辞方式。可以看出，夸张是一种用夸大的言辞来增强语言表现力的修辞方式，但这种夸大的言辞并非欺骗，而是为了使某种情感和思想表现得更加突出。

英汉夸张在修辞效果上是相同的，即都是借助言过其实、夸张变形来表现事物的本质，渲染气氛，启发读者联想。但英汉夸张也存在着差异，具体表现在分类和表现手法两个方面。

1. 分类存在差异

（1）英语夸张的分类

①按性质划分，英语夸张可分为扩大夸张和缩小夸张。

扩大夸张就是故意将表现对象向高、多、好、大等方面夸张。例如：

Daisy is clever beyond comparison.

戴西聪明绝顶。

In the dock, she found scores of arrows piercing her chest.

站在被告席上，她感到万箭穿心。

缩小夸张就是故意将表现对象向低、少、差、小等方面夸张。例如：

She was not really afraid of the wild beast, but she did not wish to perform an atom more service than she had been paid for.

她并不怕野兽，而是不愿意在她的报酬之外多出一丁点儿力。

②按方法划分，英语夸张可分为普通夸张和特殊夸张。

普通夸张就是基于表现对象原来的基础进行夸张，或者说是不借助其他手段而构成的夸张。

特殊夸张即与其他修辞方式相结合进行的夸张（或者说夸张方式体现在其他修辞方式之中）。

（2）汉语夸张的分类

①按意义划分，汉语夸张可分为扩大夸张、缩小夸张和超前夸张三种类型。扩大夸张就是故意夸大事物的数量、特征、作用、程度等。例如：

每年——特别是水灾、旱灾的时候，这些在日本厂里有门路的带工，就亲身或者派人到他们家乡或者灾荒区域，用他们多年熟练了的，可以将一根稻草讲成金条的嘴巴，去游说那些无力"饲养"可又不忍让他们的儿女饿死的同乡。（夏衍《包身工》）

缩小夸张就是故意将事物的数量、特征、作用、程度等往小、弱方面夸张。例如：

我从乡下跑到京城里，一转眼已经六年了。（鲁迅《一件小事》）

超前夸张就是故意将两件事中后出现的事说成是先出现的或是同时出现的。例如，我们说一个姑娘害羞，常常说"她还没说话脸就红了"，这就是一种超前夸张。

②按构成划分，汉语夸张可分为单纯夸张和融合夸张。

单纯夸张就是不借助其他修辞方式，直接表现出来的夸张。例如：

君不见，黄河之水天上来，奔流到海不复还；君不见，高堂明镜悲白发，朝如青丝暮成雪。（李白《将进酒》）

融合夸张就是借助比喻、拟人等修辞方式表现出来的夸张。例如：

这种景观多么壮丽啊！上百只鹤的鹤群恰似飘摇于飓风中的鸿毛，轻盈飞扬；又如海中的巨大旋涡，缓缓升腾。（江口涣《鹤群翔空》）

可以看出，英语和汉语中都有扩大夸张和缩小夸张，而汉语中有超前夸张，这是英语中没有的。

2.表现手法存在差异

在表现手法上，英语多借用词汇手段进行夸张，如通过形容词、名词、副词、数词等表现夸张，而汉语则多借助直接夸张或修辞手段来表现夸张。

（四）英汉对偶对比

对偶（antithesis）是指用字数相同、句法相似的语句表现相关或相反意思的修辞方式。运用对偶可有力地揭示一个整体的两个相反相成的侧面，暴露事物间的对立和矛盾。英汉语言中都具有对偶这种修辞手法，在修辞效果上，英汉对偶是相同的，但二者在结构上却存在差异，具体体现在以下几个方面。

1. 句法层次存在差异

英语对偶中的两个语言单位可以处在两个并列分句中，也可以处在同一个简单句中，还可以处在主从句中。但汉语对偶的上句和下句之间一般都是并列关系。例如：

He that lives wickedly can hardly die honestly.

活着不老实的，不可能坦然死去。

在解析数论、代数数论、函数论、泛函分析、几何拓扑学等的学科之中，已是人才济济，又加上一个陈景润。人人握灵蛇之珠，家家抱荆山之玉。（徐迟《哥德巴赫猜想》）

2. 语言单位项数存在差异

汉语中的对偶是成双排列的两个语言单位，是双数的。而英语中的对偶既可以是成双的语言单位，也可以以奇数形式出现，如一个或三个语言单位。例如：

Some books are to be tasted. Others to be swallowed, and some few to be chewed and digested.

书有可浅尝者，有可吞食者，少数则须咀嚼消化。（王佐良译）

江姐凝视的目光，停留在气势磅礴的石刻上，那精心雕刻的大字，带给她一种超越内心痛苦的力量。

斧头劈翻旧世界，镰刀开出新乾坤。（罗广斌、刘德彬、杨益言《红岩》）

3. 省略与重现存在差异

汉语对偶中不存在省略现象，而英语对偶没有严格的要求，既可以重复用词，也可以省略重复词语。例如：

The coward does it with a kiss, the brave man with a sword.

懦夫借助亲吻，勇士借助刀剑。

To err is human, to forgive divine.

人非圣贤，孰能无过；恕人之过，实为圣贤。

富家一碗灯，太仓一粒粟；贫家一碗灯，父子相聚哭。（陈烈《题灯》）

二、英汉修辞翻译

（一）比喻的翻译

1. 直译

英语中的明喻里常有 like、as、as if、as though 等比喻词，暗喻中常有 be、become、turn into 等标志词；而汉语明喻中也有"像""好像""仿佛""如"等比喻词，暗喻中也有"是""变成""成了"等标志词。因此，在翻译时采用直译法可以更好地保留原文的语言特点。例如：

A man can no more fly than a bird can speak.

人不能飞翔，就像鸟不会讲话一样。

Today is fair. Tomorrow may be overcast with clouds. My words are like the stars that never change.

今天天气晴朗，明天可能阴云密布。但我说的话却像天空的星辰，永远不变。

Now if death be of such a nature, I say that to die is gain: for eternity is then only a single night.

如果这就是死亡的本质，那么死亡真是一种得益，因为这样看来，永恒不过是一夜。

2. 意译

有时不能一味地进行直译，也要根据实际情况采用意译法进行翻译，使译文更符合汉语的表达习惯。例如：

He is a weathercock.

他是个见风使舵的家伙。

John Anderson my jo, John, when we were first acquent, your locks were like the raven, your bonnie brow was brent.

约翰·安德生，我的爱人，记得当年初相遇，你的头发乌黑，你的脸儿如玉。

（二）排比的翻译

1. 直译

英语排比的翻译大多可采用直译法，这样既可以保留原文的声音美与形式美，还能再现原文的强调效果。例如：

Voltaire waged the splendid kind of warfare...The war of thought against matter, the war of reason against prejudice, the war of the just against the unjust...

伏尔泰发动了一场辉煌的战争……这是思想对物质的战争，是理性对偏见的战争，是正义对不义的战争……

The rest of the half year is a jumble in my recollection of the daily strife and struggle of our lives: of the warming summer and the changing season; of the frosty mornings when we were rung out of bed, and the cold, cold smell of the dark nights when we were rung into bed again; of the evening schoolroom dimly lighted and indifferently warmed, and the morning schoolroom which was nothing but a great shivering machine; of the alternation of boiled beef with roast beef, and boiled mutton with roast mutton of clods of bread and butter, dog's-eared lesson-books, cracked slates, tear-blotted copy-books, canings, rule rings, hair-cuttings, rainy Sundays, suet-puddings, and a dirty atmosphere of ink surrounding all.

这半年里，其余的日子，在我的记忆里，只是一片混乱：里面有我们每天生活里的挣扎和奋斗；有渐渐逝去的夏天，渐渐改变的气候；有我们闻铃起床的霜晨，闻铃就寝的寒夜；有晚课的教室，烛光暗淡，炉火将灭；有晨间的教室，像专使人哆嗦的大机器一样；有煮牛肉和烤牛肉、煮羊肉和烤羊肉，轮流在饭桌上出现，有一块块的黄油面包，折角的教科书，裂了口子的石板，泪痕斑斑的练习簿；有鞭笞和用尺打；有剪发的时候；有下雨的星期天；有羊油布丁；还有到处都泼了墨水的肮脏气氛。（张谷若译）

2. 意译

有些英语排比不适宜采用直译法进行翻译，此时可以考虑采用意译法进行调整翻译，这样不仅可以准确传达原文的含义，还能增添译文的文采。例如：

They're rich; they're famous; they're surrounded by the world's most beautiful women. They are the world's top fashion designers and trendsetters.

他们名利双收，身边簇拥着世界上最美丽的女人。他们是世界顶级时装设计师，时尚的定义者。

3. 增译

为了避免重复，英语排比中有时会省略一些词语，而汉语排比习惯重复用词，因此在翻译时就要采用增译法将英语原文中省略的词语在汉语译文中再现出来，使译文符合汉语的行文习惯。例如：

Who can say of a particular sea that it is old? Distilled by the sun, kneaded by the moon, it is renewed in a year, in a day, or in an hour. The sea changed, the fields changed, the rivers, the villages, and the people changed, yet Egden remained.

谁能指出一片海泽来，说它古远长久？日光把它蒸腾，月华把它荡漾，它的情形一年一样，一天一样，一时一刻一样。沧海改易，桑田变迁，江河湖泽、村落人物，全有消长，但是爱敦荒原，却一直没有变化。（张谷若译）

（三）夸张的翻译

1. 直译

夸张这种修辞手法普遍存在于英汉两种语言中，而且两种语言中的夸张在很多地方都有相似之处，为了更好地保持原文的艺术特点，可采用直译法进行翻译。例如：

"At'em, all hands—all hands!" He roared, in a voice of thunder.

他用雷鸣般的声音吼道："抓住他们！给我上！都给我上！"

Yes, young men, Italy owes to you an undertaking which has merited the applause of the universe.

是的，年轻人，意大利因为有了你们，得以成就这项寰宇称颂的伟业。

We must work to live, and they give us such mean wages that we die.

我们不得不做工来养活自己，可是他们只给我们那么少的工钱，我们简直活不下去。

Nay, he said—yes you did—deny it if you can, that you would not have confessed the truth, though master had cut you to pieces.

他还说——你是这么说的，有本事你就抵赖好了。你还说，就是老师把你剁成肉酱，你也绝不招出实情。

2. 意译

从上述内容中了解到，英汉夸张在表现手法、夸张用语及表达习惯方面存在很大的差异，因此不能机械地照搬原文，应采用意译法对原文进行适当处理，使译文通顺易懂，符合汉语的表达习惯。例如：

Seventy times has the lady been divorced.

这位女士不知离了多少次婚了。

She is a girl in a million.

她是个百里挑一的姑娘。

On Sunday I have a thousand and one things to do.

星期天我有许多事情要做。

He ran down the avenue, making a noise like ten horses at a gallop.

他沿街跑下去，发出万马奔腾的声音。

（四）对偶的翻译

1. 直译

在多数情况下，英语对偶可直译为汉语对偶。采用直译法能有效保留原文的形式美以及内容思想，做到对原文的忠实。例如：

Speech is silver, silence is golden.

言语是银，沉默是金。

Ask not what your country can do for you, ask what you can do for your country.

不要问你的祖国能为你做些什么，而要问你能为你的祖国做些什么。

2. 增译

根据语义的需要，在将英语对偶译成汉语时，需要将原文中为避免重复而省略的部分增补出来，从而保证译文的完整性，便于读者发现、感知所述内容的对立面。例如：

Some are made to scheme, and some to love; and I wish any respected bachelor that reads this may take the sort that best likes him.

女人有的骨子里爱耍手段，有的却是天生的痴情种子。可敬的读者之中如果有单身汉的话，希望他们都能挑选到合适自己脾胃的妻子。（杨必译）

A young gentleman may be over-careful of himself, or he may be under-careful of himself. He may brush his hair too regular, or too un–regular. He may wear his boots much too large for him, or much too small. That is according as the young gentleman has his original character formed.

一位年轻的绅士，对于衣帽也许特别讲究，也许特别不讲究。他的头发梳得也许特别光滑，也许特别不光滑。他穿的靴子也许特大得不可脚，也许特小得不可脚。这都得看那位年轻的绅士，天生来的是怎么样的性格。（张谷若译）

3. 省略

英语注重形合，汉语注重意合，所以在翻译英语对偶时，其中的一些连接词可省略不译，使译文符合汉语的表达习惯。例如：

Everything going out and nothing coming in, as the vulgarians say. Money was lacking to pay Mr. Magister and Herr Rosenstock their prices.

俗话说得好，坐吃山空；应该付给马吉斯特和罗森斯托克两位先生的学费也没有着落了。（王永年译）

Snares or shot may take off the old birds foraging without hawks maybe abroad, from which they escape or by whom they suffer...

老鸟儿在外面打食，也许会给人一枪打死，也许会自投罗网，况且外头又有老鹰，它们有时候侥幸躲过，有时候免不了遭殃。（杨必译）

4. 反译

对偶修辞时常会涉及否定表达，但是英汉语言在表达否定含义时有着明显的不同，因此在翻译英汉对偶时需要运用反译法进行适当转换，即将英语的否定形式译成汉语的肯定形式或将英语的肯定形式译成汉语的否定形式，使译文与汉语的表达习惯相符。例如：

With malice toward none, with charity for all, with firmness in the right, as God gives to see the right...

我们对任何人不怀恶意，对所有人心存善念，对上帝赋予我们的正义使命坚信不疑。

第三节　英汉习语文化与翻译对比

习语是某一语言在长期使用过程中所形成的独特的、固定的表达方式，在语言方面呈现通俗、精辟、寓意深刻等特点。作为语言中的精华，习语不但孕育了多姿多彩的文化内容，也反映了不同民族独有的文化特色。本节先对英汉习语文化进行对比，然后对其互译进行分析。

一、英汉习语文化对比

（一）英汉习语结构形式对比

从结构形式方面来看，英汉习语存在诸多不同。

1. 英语习语的结构形式

就英语习语而言，其结构形式的灵活性特点比较明显，可松可紧、可长可短。例如：

What one loses on the swings one gets back on the roundabouts.

失之东隅，收之桑榆。

Hair by hair you will pull out the horse's tail.

矢志不移，定能成功。

One boy is a boy, two boys half a boy, three boys no boy.

一个和尚有水喝，两个和尚挑水喝，三个和尚没水喝。

2. 汉语习语的结构形式

就汉语习语的结构形式来看，其整体呈现用词简练、结构紧凑的特点，并且大多为词组性短语。从习语的字数来看，多为两个字、三个字或四个字的结构形式。当然，也有少部分字数较多的对偶短句。例如：

踏破铁鞋无觅处，得来全不费工夫。

螳螂捕蝉，黄雀在后。

但这类汉语习语实属凤毛麟角。

（二）英汉习语对应程度对比

英汉习语在对应程度方面存在对应、半对应和不对应的情况。以下笔者就这几种情况进行具体分析。

1. 英汉习语的对应性

虽然以英语为母语的人与中国人的思维方式、生活习惯、认知能力等方面存在诸多差异，但是二者赖以生存的外部条件，如地理状况、季节更迭、气候变化等，仍存在着各种共性。这种共同的认知反映在语言层面便可通过习语表达出来，英语和汉语都是如此，英语中有许多习语在字面意义、喻体形象和比喻意义方面与汉语习语一致。这些习语在两种语言中不仅具有相同的语义，表达方式与结构也高度相似，并且这种对应关系从字面意义上便一目了然，这些习语被称为"相互对应的习语"。例如：

pour oil on the flame

火上浇油

throw cold water on

泼冷水

draw a cake to satisfy one's hunger

画饼充饥

A beggar's purse is bottomless.

乞丐的钱袋是无底洞。

A bird is known by its note and a man by his talk.

闻其歌知其鸟，听其言知其人。

Think with the wise, but talk with the vulgar.

同智者一起考虑，与俗人一起交谈。

A burden of one's choice is not felt.

爱挑的担子不嫌重。

2. 英汉习语的半对应性

英汉两种语言属于不同的语系，是不同民族的母语，而生活在不同环境中的人，在生活经历和对外部世界的看法上不可能完全一致。语言是客观事物在人头脑中的具体反映，由于客观外部环境的不同，人们对外部世界的认知也会引起习语的部分不对应。英语习语和汉语习语都是在其文化的发展过程中，经过长期的社会实践提炼出来的短语和短句，是文化中的精华。因此，英语和汉语在具体的习语表达形式上，也会呈现各自特有的文化内涵。

英汉习语与其民族的文化历史密切相关，并在社会、历史、心理、民俗等各类现象中反映出来。英汉习语的意义兼顾字面意义和文化意义。在理解习语的同时，我们要对其意象加以转换，用合适的目的语阐释其内涵。这些不完全对应的习语被人们称为"半对应的英汉习语"。例如：

after one's own heart

正中下怀

plentiful as blackberries

多如牛毛

as silent as the graves

守口如瓶

castle in the air

空中楼阁

between the devil and the deep sea

进退维谷

hit someone below the belt/stab someone in the back

暗箭伤人

beat the dog before the lion.

杀鸡给猴看。

Take not a musket to kill a butterfly.

杀鸡焉用宰牛刀。

A word spoken is past recalling.

一言既出，驷马难追。

3.英汉习语的非对应性

由于英汉两个民族之间的差异，有的事物或现象你有我无，因此双方在语言词汇或表达习惯上难免会出现各种各样的偏差。英语习语中存在大量与汉语习惯用法和汉文化特征大相径庭的习语，即"非对应的习语"。例如：

cattle market

牛市

bear market

熊市

good luck

红运

one's face glowing with health

红光满面

二、英汉习语文化互译

（一）保留形象释义法

保留形象释义法就是，在对英汉习语进行互译时，保留原文中的人物、事件等原有形象，为了便于译入语读者的理解，对这些原有形象做进一步解释的方法。

（二）变换形象意译法

变换形象意译法是指，在翻译习语时，为了使译入语读者完全理解原文意思，采用不再保留原文中人物等原有形象的方法进行变换形象意译。例如：

这都是汪太太生出来的事，"解铃还须系铃人"，我明天去找她。（钱锺书《围城》）

Mrs. Wang is the one who started it all. "Whoever ties the bell around the tiger's neck must untie it." I am going to see her tomorrow.（珍妮·凯利，茅国权译）

在对本例中"解铃还须系铃人"这一习语进行翻译时，采用了变换形象意译的方法。

（三）舍弃形象意译法

舍弃形象意译法就是将原文中的人物等形象完全舍弃掉，纯粹采用意译法进行翻译。

例如：

姐姐通今博古，色色都知道，怎么连这一出戏的名字也不知道，就说了这么一串子，这叫作"负荆请罪"。（曹雪芹《红楼梦》）

Why, cousin, surely you're sufficiently well versed in ancient and modern literature to know the title of that opera. Why do you have to describe it? It's called "Abject Apologies".（杨宪益、戴乃迭译）

在对本例中的"负荆请罪"进行翻译时，舍弃其原有形象进行了意译。

（四）转换形象套译法

由于英汉两种语言的差异及民族文化背景不同，习语在翻译时需要转换为译入语读者所熟悉的形象。这些习语在内容和形式上都相符合，即对某一具体问题的思维方式和结果以及具体的表达形式有不谋而合的情况，两者不但有相同的隐义，也有大体相同的形象和比喻。因此，可以使用套译，以达到语义对等的效果。例如：

beard the lion in his hens

虎口拔牙 / 太岁头上动土

spend money like water

挥金如土

While there is life，there is hope.

留得青山在，不怕没柴烧。

Fools rush in where angels fear to tread.

初生牛犊不怕虎。

第三章　英汉人文文化与翻译

　　翻译作为跨文化交际的重要手段之一，是和文化紧密结合在一起的。而语言又是与文化相互交叉、相互渗透的，语言作为文化信息的载体，可以突破时空限制，承载文化信息的多方面内涵。翻译活动体现了不同文化之间的交流，也揭示了文化差异存在可译性。可见这种活动是一种人文活动，具有极强的人文关怀。因此在英语翻译中，人文情感的融入是至关重要的，如果在翻译的过程中丢失了人文情感，可能就得不到要表达的效果。

第一节　英汉服饰文化与翻译

　　服饰不仅是一种物质文明，还体现一个民族的精神面貌、审美情趣以及文化素养。英汉服饰文化经过长期的积淀，已形成了各自的体系与风格。

一、英汉服饰文化对比

　　材料、款式、颜色是服饰文化的三大元素。此外，图案的选择以及服饰观念等也是服饰文化的重要组成部分。

（一）英汉服饰材料的对比

1. 西方的服饰材料

亚麻布是西方服饰的主要材料，原因主要有以下三个方面。

一是，西方国家的地理环境适合亚麻生长，很多国家盛产亚麻。

二是，亚麻布易于提取，既有凹凸美感又结实耐用，适合于日常的生活劳作。

三是，西方国家提倡个人奋斗、多劳多得，亚麻布直接体现了这种实用主义价值观。

2. 中国的服饰材料

中国的服饰材料较为丰富，包括麻、丝、棉等。其中，丝是最具中国特色的服饰材料。

中国在五千年前就开始养蚕、缫丝、织丝，是世界上当之无愧的丝绸之国。更具体地说，丝是一类材料的总称，根据织法、纹理的差异，丝还可以细分为素、缟、绫、纨、绮、锦、纱、绸、罗、绢等，可见中国的制丝工艺已发展到相当高的水平，充分体现了中国人民的智慧。

丝绸质地细腻柔软，可用于多种类型的服装，如披风、头巾、水袖等。此外，丝绸具有一种飘逸的美感，穿在身上时可通过人的肢体动作展现出一幅流动的画面，具有独特的效果。

（二）英汉服饰款式的对比

1. 西方的服饰款式

西方人身材高大挺拔，脸部轮廓明显，因此西方服饰强调服饰的横向感觉，常常通过重叠的花边、庞大的裙撑、膨胀的袖型以及横向扩张的肩部轮廓等来呈现向外放射的效果。

此外，西方人具有热情奔放的性格，追求个人奋斗，喜欢展示自己的个性，因此在服装款式的设计上往往较为夸张。如牛仔裤这一最具有代表性的服饰就充分体现西方人我行我素的性格特征。此外，牛仔裤以靛蓝色粗斜纹布为原料，不仅简单实用，还具有广泛的适应性，男女老少都可以穿，这也体现出西方国家"人人平等"的观念。

2. 中国的服饰款式

与西方人相比，中国人身材相对矮小。因此，中国服饰常采用修长的设计来制造比例上的视觉感受。具体来说，筒形的袍裙、过手的长袖以及下垂的线条等都是常见的款式。从魏晋时男子宽大的袍衫、妇女的褥衣长裙，到中唐时期的曳地长裙，再到清代肥大的袖口与下摆的服饰，无不体现出中国传统服饰的雍容华贵。

此外，中国人的脸部线条较为柔和，为与之相称，中国服饰的款式常以"平""顺"为特色。

（三）英汉服饰颜色的对比

1. 西方的服饰颜色

颜色可以从一定程度上反映一个民族潜在的性格特征。在罗马时期，西方国家的服饰偏爱使用以下两种颜色。

（1）白色

白色代表神圣与纯洁，具有独特的魅力，因此新娘的婚纱是白色的。

（2）紫色

紫色代表财富与高贵，红紫色有年轻感，青紫色有优雅的女性感。此外，紫色还代表至高无上和来自圣灵的力量，具有浓厚的宗教气息。由于主教常穿紫色，因此紫色被定为主教色。

文艺复兴以来，服饰的奢华程度不断提高，人们开始喜爱明亮的色彩。如法国人喜欢丁香色、蔷薇色、圣洁的白色以及含蓄的天蓝色；西班牙人崇尚高雅的玫瑰红和灰色调；英国人则将黑色视为神秘、高贵的象征。

到了现代，人们打破了等级、地位、阶层的限制，开始根据自己的喜好选择服饰颜色，并使颜色成为展示个性的重要工具。

2. 中国的服饰颜色

《舆服志》有这样的记载："夏尚黑，商尚白，周尚赤，秦复夏制尚黑，汉复周制尚赤；唐服尚黄而旗帜尚赤，宋相沿，元尚黄；明改制取法周、汉尚朱（赤）；清又复黄。家国一统，少有逾越。"可见，中国服饰的色彩具有强烈的时代性与等级性。

（1）时代性

上古时代的先人认为，黑色是支配万物的天帝色彩，因此夏采用黑色制作天子的冕服。后来，封建集权制的发展使人们逐渐淡化了对天神（黑色）的崇拜，并转向对大地（黄色）的崇拜，"黄为贵"的观念由此形成。

（2）等级性

阴阳五行学说也对中国的服饰色彩产生了重要影响。具体来说，阴阳五行学说将青、红、黑、白、黄这五种颜色定为正色，其他颜色为间色。正色为统治阶级所专用，普通大众不得使用，否则会遭受杀身或株连。

（四）英汉服饰图案的对比

1. 西方的服饰图案

随着历史时期的变化，西方国家的服饰图案也发生相应的变化。文艺复兴之前，西方服饰偏爱花草图案；文艺复兴时期，花卉图案较为流行；法国路易十五统治时期，受到洛可可装饰风格的影响，S形或旋涡形的藤草和轻淡柔和的庭院花草图案颇受欢迎；近代以来，野兽派的杜飞花样、利用几何透视原理设计的欧普图案、以星系或宇宙为主题的迪斯科花样和用计算机设计的电子图案较为流行。

2. 中国的服饰图案

中国服饰，无论是民间印花布还是高贵绸缎，都喜欢利用丰富多彩的图案来表达吉祥如意的内涵。如人们利用喜鹊登梅、鹤鹿同春、凤穿牡丹等图案表达对美好生活的向往；而龙凤呈祥、龙飞凤舞、九龙戏珠等图案不仅表达了中国人作为"龙的传人"的自豪感，还隐喻了传统的图腾崇拜。

（五）英汉服饰观念的对比

西方崇尚人体美，中国讲究仪表美，可以说这是英汉在服饰观念上的最根本的区别。一方面，西方文化深受古希腊、古罗马时期雕塑、绘画等造型艺术的影响；另一方面，地中海沿岸气候温暖，人们不必紧裹身体，凉爽、适体、线条流畅成为服饰的第一要义。因此，西方服饰观念认为服饰应为人体服务，应充分展示人体美。具体来说，就是服饰应将男子的刚劲雄健与女子的温柔纤细充分展示出来。

中国是礼仪之邦，传统礼教影响巨大。因此，中国人认为服饰就是一块用来遮蔽身体的"精神的布"，服饰的作用在于体现礼仪观念以及区分穿着者的权力和地位。随着改革开放的推进，近年来，虽然人们的穿着观念有所变化，但这种传统的礼仪服饰观念仍然根深蒂固。

二、英汉服饰文化翻译

（一）直译

直译就是使译文在意义、结构两个方面都与原文保持一致。在进行服饰文化的翻译时，大多数情况下可直接采取直译法。

（二）意译

由于英汉语言的结构方面存在差异，有时很难保证意义与结构的同步统一，此时为保证意义准确，可以舍弃一部分结构，将原文的含义如实传达出来，即采取意译法。例如：

这女人尖颧削脸，不知用什么东西烫出来的一头鬈发，像中国写意画里的满树梅花，颈里一条白丝围巾，身上绿绸旗袍。光华夺目，可是那面子亮得像小家女人衬旗袍里子用的作料。（钱锺书《围城》）

The woman had prominent cheekbones and a thin face. Her hair, waved by some unidentified instrument, resembled a plum tree in full bloom in a Chinese impressionist painting. Around her neck she wore a white silk scarf and was dressed in green silk Chinese dress which was dazzling resplendent, but shiny like the material high–class girls used for lining.（珍妮·凯利、茅国权译）

刘姥姥见平儿遍身绫罗，插金戴银，花容月貌，便当是凤姐儿了。（曹雪芹《红楼梦》第六回）

Pinger's silk dress, her gold and silver trinkets, and her face which was pretty as flower made Granny Liu mistake her for her mistress.（杨宪益、戴乃迭译）

一日，张静斋来问候，还有话说。范举人叫请在灵前一个小书房里坐下，穿着衰绖，出来相见，先谢了丧事里诸凡相助的话。（吴敬梓《儒林外史》

第四回）

One day Mr. Zhang called, and asked to speak to Mr. Fan. He was invited into a small library in front of the shrine. Presently Mr. Fan came out in his mourning clothes, and began by thanking him for all his assistance during the mounding.（杨宪益、戴乃迭译）

（三）改译

当在翻译过程中无法找到对等的表达方式时，译者应采取改译法，即采取灵活多样的处理方式，既将原文意义有效传递出来，又使译文符合译入语读者的语言习惯。例如：

黛玉看脱了蓑衣，里面只穿半旧红绫短袄，系着绿汗巾子，膝下露出油绿绸撒花裤子，底下是掐金满绣的棉纱袜子，靸著蝴蝶落花鞋。（曹雪芹《红楼梦》第四十五回）

She saw that he was wearing a red silk coat, no longer new, with a green girdle, green silk trousers embroidered with flowers, cotton socks embroidered with gold thread, and slippers with butterfly and flower designs.（杨宪益、戴乃迭译）

还是从火车上说起吧！在我四岁多的时候，我坐过火车。当时带我坐车的人，是我的舅舅，叫张全斌。我记得那时我的打扮挺滑稽的，穿着蓝布大褂、小坎肩，戴瓜皮小帽。（侯宝林《我可能是天津人》）

Let me begin with my trip on the train. When I was about four years old, I had traveled by train. The man I traveled with was my uncle Zhang Quanbin. I still remember how funny I looked the way I was dressed—in a blue cloth gown with a short sleeveless jacket over it and a skullcap on the head.（刘士聪译）

（四）解释性翻译

一个民族的服饰特点渗透着一个民族深厚的文化底蕴。在翻译具有丰富文化内涵的服饰时，为帮助译入语读者进行有效的理解，可在译文中进行适当解释。例如：

（方鸿渐）跟了上桥，这滑滑的桥面随足微沉复起，数不清的藤缝里露出深深在下墨绿色的水，他命令眼睛只注视着孙小姐旗袍的后襟，不敢

瞧旁处。（钱锺书《围城》）

As he followed her onto the bridge, the smooth surface gave ways lightly under his feet, then bounced back again. The inky green color of the water far below showed through the countless cracks in the rattan. He fixed his eyes on the back of hem of Miss Sun's Chinese dress (cheongsam) and didn't dare glance either side. （珍妮·凯利、茅国权译）

宝玉只穿着大红棉纱小袄子，下面绿绫弹墨夹裤，散着裤脚，倚着一个各色玫瑰芍药花瓣装的玉色夹纱新枕头，和芳官两个先划拳。当时芳官满口嚷热，只穿着一件玉色红青酡绒三色缎子斗的水田小夹袄，束着一条柳绿汗巾，底下是水红撒花夹裤，也散着裤腿。头上眉额编着一圈小辫，总归至顶心，结一根鹅卵粗细的总辫，拖在脑后。右耳眼内只塞着米粒大小的一个小玉塞子，左耳上单戴着一个白果大小的硬红镶金大坠子，越显得面如满月犹白，眼如秋水还清。（曹雪芹《红楼梦》第六十三回）

Baoyu himself stripped down to a scarlet linen jacket and green dotted satin trousers, letting the ends of the trouser legs hang lose. Leaning on a jade-colored gauze cushion filled with all sorts of fresh rose and peony petals, he started playing the finger-guessing game with Fangguan. Fangguan, who had also been complaining of the heat, had on only a short lined satin jacket—a patchwork of red, blue and jade-colored squares, a green sash, and pink trousers with a floral design left untied at her ankles. Her hair, woven in small plaits, was gathered on the brown of her head into a thick braid hanging down at the back. In her right ear she wore a jade stop no bigger than a grain of rice, in her left a ruby-ear-ring set in gold the size of gingko nut, making her face seem whiter than the full moon, her eyes clearer than water in autumn. （杨宪益、戴乃迭译）

那时天色已明，看那人时，三十多岁光景，身穿短袄，脚下八搭麻鞋，面上微有髭须。（吴敬梓《儒林外史》第三十九回）

It was light enough now for him to see this fellow：a man in his thirties with a stubbly growth on his chin, who was wearing a short jacket and hempen shoes. （杨宪益、戴乃迭译）

第二节　英汉饮食文化与翻译

由于地理环境、自然气候、风俗习惯等方面存在差异，每个国家在饮食方面都有各自的特点。此外，受宗教信仰、历史条件等因素的影响，各个国家还在不断地发展变化中演化出了丰富多彩的饮食文化。本节就从菜肴、酒、茶等方面来对比英汉饮食文化的差异并探讨相应的翻译方法。

一、英汉菜肴文化与翻译

（一）英汉菜肴文化

纵观西方国家的发展历史，大都以渔猎、养殖为主业，而采集、种植等只能算是一种补充。因此，西方的饮食对象多以肉食为主。进入工业社会后，食品的加工更加快捷，发达的快餐食品和食品工业成为西方人的骄傲。总体来说，受游牧民族、航海民族文化血统的影响，西方人的食物品种较为简单，工业食品也往往千篇一律，但这些食品制作简单，节省时间，营养搭配也较为合理。

1. 英汉菜类的对比

作为农业大国，中国的食品主要来自农业生产，概括来说包括以下几个种类。

（1）主食类

中国的传统主食有明显的地域特色，北方多以面条和馒头为主食，而南方则多以米饭为主食。此外，山药、芋头等薯类作物由于淀粉含量高，在一些地方也被当作主食。

（2）辅食类

中国深受佛教的影响。由于佛教将植物视为"无灵"，因此蔬菜成为中国的主要辅食。

（3）肉食类

在古代，中国人很少吃肉。《孟子·梁惠王上》曾有这样的记载，"鸡豚狗彘之畜，无失其时，七十者可以食肉矣"。值得注意的是，随着生活水平的提高，肉食也逐渐走上百姓的餐桌。

2. 英汉烹调方式的对比

西方国家的食材分类较为简单，常将各种食材混合在一起进行烹调。因此西方的烹调方式相对单一，主要包括炸、烤、煎等几种。不难看出，这种烹调方式虽然可以对营养进行合理搭配，但其制作过程却缺少文化气息或艺术氛围。值得一提的是，西方国家非常注重营养，尤其是青少年的营养供给，因此很多中小学校都配备了专业的营养师。

中国是饮食大国，中华民族的饮食文化博大精深、源远流长。技术高超、品种丰富是中国烹调的主要特点。具体来说，中国人对食材不仅会依据冷热、生熟、产地等进行分类，加工方法也异常丰富，如炒、煎、炸、烹、蒸、烧、煮、爆、煨、炖、熏、焖、烤、烘等。此外，中国地大物博，中国人常常就地取材，并根据地域特色变换加工方式，从而形成了八大菜系，即鲁菜、川菜、粤菜、苏菜、闽菜、浙菜、湘菜、徽菜。

3. 英汉饮食观念的对比

西方人普遍认为，饮食不是满足口腹之欲的工具，而应成为获取营养的手段。所以，西方人大都持有理性的饮食观念，以保证营养的摄取为根本原则，更多地考虑各种营养素，如碳水化合物、蛋白质、维生素、脂肪等是否搭配合理，卡路里的摄取量是否合适等。如果烹调会对营养带来损失，他们宁可食用半生不熟甚至未经任何加工的食物。

与西方人不同，中国人多持美性饮食观念，不太关注食物中的营养，而是更加注重口感、观感与艺术性，即追求菜肴的"色、香、味、形、器"。此外，中国人也会将阴阳五行学说运用到菜肴的烹调上，使食材的味道互相渗透，从而达到"五味调和百味香"的境界。由此可见，"民以食为天，食以味为先"的观念在中国已经深入人心。但从客观上来看，不注意营养而过度追求味觉的观点也有其片面性。

（二）英汉菜肴文化的翻译

中国菜肴的命名方式多姿多彩，有的浪漫，有的写实。因此，在进行菜名的翻译时应具体问题具体分析，灵活运用多种翻译方法。概括来说，其包括以下几种。

1. 直译

以写实方法来命名的菜肴直接体现了菜肴的主料、配料、调料以及制作方法等信息。在翻译这类菜名时，可直接采取直译的方法。

（1）烹调法＋主料名

例如：

盐焗信封鸡　salt baked Xinfeng chicken

脆皮锅酥肉　deep fried pork

清蒸鲈鱼脯　steamed perch–flank

清蒸桂／鳜鱼　steamed mandarin fish

五香兔肉　spiced hare

白灼螺片　fried sliced whelk

涮羊肉　instant boiled mutton

白切鸡　steamed chicken

（2）烹调法＋主料名＋ with ＋配料

例如：

红烧鲤鱼头　stewed carp head with brown sauce

杏仁炒虾仁　fried shrimps with almonds

蚝汁鲍鱼片　fried abalone slices with oyster oil

糖醋排骨　spareribs with sweet and sour sauce

奶油鱼肚　fried fish with cream sauce

草菇蒸鸡　steamed chicken with mushrooms

咸水虾　boiled shrimps with salt

酿豆腐　bean curd stuffed with minced pork

油焖笋　stewed bamboo shoots with soy sauce

（3）烹调法＋主料名＋ with/in ＋配料名

例如：

糖醋松子鳜鱼　fried mandarin fish with pine nuts and with sweet and sour sauce

荷叶粉蒸鸡　steamed chicken in lotus leaf packets

冬笋炒鱿鱼　fried squid with fresh bamboo shoots

腐乳汁烧肉　stewed pork with preserved bean curd

滑蛋牛肉　fried beef with scrambled eggs

冬菇菜心　fried winter mushrooms with green cabbage

咖喱牛肉　fried beef with curry

辣味烩虾 braised prawns with chilli sauce

（4）烹调法＋加工法＋主料名＋ with/in ＋调料名

例如：

红烧狮子头　stewed minced pork balls with brown sauce

肉片烧豆腐　stewed sliced pork with bean curd

碧绿鲜虾脯　fried minced shrimps with vegetables

鸡茸海参　fired sea cucumbers with mashed chicken

蟹肉海参　fried sea cucumbers with crab meat

青椒肉片　fried sliced pork and green chilli

蚝油鸡球　chicken balls with oyster sauce

（5）烹调法（＋加工法）＋主料名＋ and ＋调料名

例如：

凤肝虾仁　fired shelled shrimps and chicken liver

虾仁扒豆腐　stewed shelled shrimps and bean curd

红烧什肉虾仁豆腐　fried bean curd, shelled shrimps and missed meat with
brown sauce

甲鱼裙边煨肥猪肉　stewed calipash and calipee with fat pork

2. 意译

以写意法来命名的菜肴常常是为了迎合食客心理，取的都是既悦耳又吉利的名字，而这些名字将烹调方式、原料特点、造型外观等进行了归纳，因此食客很难从名字上了解该菜肴的原料与制作方法。在翻译这类菜名时，为准确传达其内涵，应采取意译法。例如：

全家福　stewed assorted meats

龙凤会   stewed snake and chicken

蚂蚁上树   bean vermicelli with spicy meat sauce

玉版禅师   stewed potatoes with mushrooms

一卵双凤   chicken steamed in water melon (two phoenix hatched from one egg)

雪积银钟   stewed mushrooms stuffed with white fungus

游龙戏凤   stir-fried prawns and chicken

3. 直译＋意译

有些菜肴的命名采取写实与写意相结合的方法，既可以展示主要原料与烹调方法，又具有一定的艺术性。相应地，翻译时应综合运用直译法与意译法，以更好地体现菜名的寓意。例如：

木须肉   fried pork with scrambled eggs and fungus

炒双冬   stir-fried mushrooms and bamboo shoots

三鲜汤   soup with fish, shrimp and pork balls

芙蓉鸡片   fried chicken slices with egg white

牡丹蔬菜   fried mushrooms and bamboo shoots in peony shape

翡翠虾仁   stir-fried shrimps with peas

红烧四喜肉   braised brisket with brown sauce

生蒸鸳鸯鸡   steamed frogs

五柳石斑鱼   steamed tench with assorted garnished

凤爪炖甲鱼   steamed turtle and chicken's feet soup

百花酿北菇   mushrooms stuffed with minced shrimps

红烩虎皮鸽蛋   boiled and fried pigeon eggs, stewed with brown sauce

4. 直译＋解释

中国的许多菜名都具有丰富的历史韵味与民俗情趣。具体来说，有的与地名有关，有的与某个历史人物有关，还有的来自故事、传说或典故。为了将其文化内涵准确传递出来，译者应以直译法为主，必要时还可进行适当解释。例如：

叫花鸡   beggar's chicken

东坡肉   Dongpo braised pork

炒罗汉斋　stewed vegetables "Luohan Zhai"

宋嫂鱼羹　Sister Song's fish potage

宫保鸡丁　fried diced chicken in Sichuan style

北京烤鸭　Beijing roast duck

成都辣子鸡　stir-fried spring chicken in Chengdu style

西湖醋鱼　West Lake vinegar fish

白云（宾馆）香液鸡　boiled chicken with spicy sauce in Baiyun Hotel

东江酿豆腐　beancurd stuffed with minced pork in Dongjiang style

大救驾　Shouxian County's kernel pastry（Dajiujia—a snack that once came to the rescue of an emperor）

佛跳墙　assorted meat and vegetables cooked in embers（Fotiaoqiang—lured by its smell，even the Buddha jumped the wall）

二、英汉酒文化与翻译

酒一问世便与人们的日常生活紧密联系在一起，现已成为饮食文化中重要的组成部分。同时饮酒也是世界各国共有的现象，并形成了异彩纷呈的酒文化。

（一）英汉酒文化对比

1.酒的起源对比

在西方国家，关于酒的起源的说法是"酒神造酒谢"，但酒神有着不同的版本。古埃及人眼中的酒神是死者的庇护神奥里西斯，而希腊人眼中的酒神是狄奥尼索斯。传说狄奥尼索斯是宙斯与底比斯公主塞密莉的儿子，后来在小亚细亚色雷斯和希腊地区流浪。在流浪的过程中，他向人们传授葡萄种植与酿酒的技术。于是，欧洲大陆飘起了酒香。西方通常将酒视为神造的产物和丰收的象征，这体现了他们对酒神的崇拜。

中国的酒文化内容丰富，关于酒的起源也众说纷纭，其中比较有影响力的是以下三种观点。

（1）古猿造酒说

自然界的各种果实都有自己的生长周期，为了保证持续的果实供应，以采集野果为生的古猿逐渐具备了藏果的技能。传说在洪荒时代，古猿将一时吃不完的果实藏于石洼、岩洞之中。随着时间的推移，这些野果中的糖分通过自然发酵而变成了酒精、酒浆，酒就这样诞生了。

（2）仪狄造酒说

传说在远古的夏禹时期，夏禹的女人命令仪狄去酿酒，仪狄经过一番努力终于酿出了美酒，夏禹品尝后赞不绝口。后来，夏禹因担心饮酒过度、耽误国事，不仅自己与酒绝缘，也没有给仪狄任何奖励，这一传说在《吕氏春秋》《战国策》以及《说文解字》中都有记载。例如《战国策》中曾说"帝女令仪狄作酒而美"。

（3）杜康造酒说

杜康在中国历史上是一个真实的人物，《世本》《吕氏春秋》《战国策》《说文解字》等文献中都有对杜康的记载。但关于杜康怎样开始造酒有两种不同的说法。一种说法认为，杜康是一位牧羊人，在一次放羊途中不慎将装有小米粥的竹简丢失。等半个月后找到竹筒时，意外地发现小米粥已发酵成为醇香扑鼻的琼浆。另一种说法认为，杜康非常节俭，吃不掉的饭菜不舍得扔掉，而是将其倒入中空的桑树洞中。过了一段时间，树洞里飘出了芳香的气味，原来是残羹剩饭在树洞里发酵了。杜康大受启发，便开始酿酒。

目前，中国普遍将仪狄或杜康视为中国的酒祖。

2. 英汉酿酒原料对比

一个地区农产品的种类、数量与质量在很大程度上受水质、气候、土壤等自然条件的制约。中西方由于地理条件不同，酿酒原料也有很大不同。

作为西方文明摇篮的古希腊处于地中海东北端，这里三面环海，土壤贫瘠，冬季温暖多雨，夏季炎热干燥，尽管不适合农作物生长，却对具有超强耐旱能力的葡萄的生长非常有利。另外，由于土壤贫瘠，葡萄树的根往往很深，这也使得结出的果实质量很高。于是西方人就开始大量使用葡萄酿酒，并使葡萄酒成为西方酒文化的代名词。葡萄酒、香槟、白兰地等品种的酒都以葡萄为原料。

中华文化发源于黄河流域，早在一万多年前这里就成为世界上最早的三个农业中心之一。黄河流域气候温和、土壤肥沃，小麦、高粱等粮食作物长势良好，人们把多余的粮食用来酿酒，就形成了具有中国特色的酒文化。概括来说，中国的酿酒原料主要包括高粱、小麦、粟、稻谷等，白酒、黄酒是中国酒的典型代表。

3. 英汉饮酒文化对比

酒是一种物质文明，而饮酒是一种精神文明，也是一国文化的重要组成部分。中西方国家由于存在文化观念上的差异，形成了迥然不同的饮酒文化。

西方人在饮酒时注重运用身体器官去享受酒的美味，因此他们往往会根据味觉规律变化来安排饮酒的次序，如先品较淡的酒，后品浓郁的酒。如果是参加聚会或者宴会，则一般遵循开胃酒、主菜佐酒、甜点酒、餐后酒的顺序。西方人在喝酒时气氛相对缓和，既不高声叫喊也不猜拳行令，斟酒时提倡倒杯子的三分之二，而敬酒则通常在主菜吃完、甜菜未上之时进行。敬酒时应将酒杯举至眼睛的高度，同时要注视对方以表示尊重。被敬酒的那一方不需要喝完，敬酒方也不会劝酒。值得一提的是，西方人非常注重对酒具的选择。出于对酒的尊重，常常选择一些利于饮酒者充分享受美酒的酒具，如让酒体充分舒展开来的灌酒器以及让香气汇聚杯口的郁金香形高脚杯等。

中国素有"礼仪之邦"的美称，而这种礼仪通过饮酒的方式得以充分体现，具体来说表现在以下几个方面。

（1）饮酒要有酒德

《论语·乡党》载："唯酒无量，不及乱。"每个人的酒量不尽相同，因此对饮酒的量度没有硬性规定，但应以酒后能保持神志清醒为底线。

（2）饮酒要讲究长幼尊卑

中国人在饮酒时注重气氛及饮酒者的情绪，因此倒酒应"以满为敬"，喝酒应"先干为敬"。敬酒有固定的顺序，即先由主人敬酒，然后才可以由其他人敬酒。在选择敬酒对象时，应从最尊贵的客人开始。此外，下级对上级、晚辈对长辈要主动敬酒，碰杯时下级或晚辈的酒杯要低于上级或长辈的酒杯。敬酒时不仅要说敬酒词，而且还要先干为敬。为表示诚意，也为让客人尽兴，主人还常常举行一些活动以带动气氛，如划拳、行酒令等。

（二）英汉酒文化翻译

中西方不同的酒文化给翻译带来了一定的障碍，因此译者应综合运用音译、直译、意译及解释性翻译等多种翻译方法，从而将酒文化的深层含义准确传递出来。

（1）音译

例如：

我和平儿说了，已经抬了一坛好绍兴酒藏在那边了。我们八个人单替你过生日。（曹雪芹《红楼梦》第六十三回）

I've also arranged with Pinger to have a vat of good Shaoxing wine smuggled in. The eight of us are going to throw a birthday party for you.（杨宪益、戴乃迭译）

芳官道："藕官、蕊官都不上去，单我在那里也不好。我也不惯吃那个面条子，早起也没好生吃。才刚饿了，我已竟告诉了柳嫂子，先给我做一碗汤，盛半碗粳米饭送来，我这里吃了就完事。若是晚上吃酒，不许叫人管着我，我要尽力吃够了才罢。我先在家里，吃二三斤好惠泉酒呢。如今学了这劳什子，他们说怕坏嗓子，这几年也没闻见。乘今儿我是要开斋了。"（曹雪芹《红楼梦》第六十二回）

"If Ouguan and Ruiguan aren't there, only me, that's no good. Besides, I don't like noodles. I didn't have a proper meal this morning and I'm hungry, so I've told Mrs. Liu to prepare me a bowl of soup and half a bowl of rice and send them here. I'll eat here. If I am drinking tonight you mustn't let anyone stop me—I mean to drink my fill. At home, in the old days, I used to be able to drink two or three catties of good Huiquan wine, but after I learned this wretched singing they said drinking might spoil my voice, so for the last few years I haven't so much as smelt a whiff of wine. I shall take the chance today to break my fast."（杨宪益、戴乃迭译）

（2）直译

例如：

当下吃了早饭，韦四太爷就叫把这坛酒拿出来，兑上十斤新酒，就叫烧许多红炭，堆在桂花树边，把酒坛顿在炭上。过一顿饭时，渐渐热了。张俊民领着小厮，自己动手把六扇窗格尽行下了，把桌子抬到檐内。大家坐下，又备的一席新鲜菜。杜少卿叫小厮拿出一个金杯子来，又是四个玉杯，坛子里舀出酒来吃。韦四太爷捧着金杯，吃一杯，赞一杯，说道："好酒！"吃了半日。王胡子领着四个小厮，抬到一个箱子来。（吴敬梓《儒林外史》第三十一回）

When they had breakfast. Mr. Wei brought out the wine and added ten catties of new wine to it, then ordered the servants to light plenty of char–coal and pile it when it was red by the cassia trees, setting the jar of wine on top. After the time it takes for a meal, the wine was hot. Chang Chun–min helped the servant take down the six window frames and move the table to under the eaves. They then took seats, and fresh dishes were served. Tu Shao–ching called for one gold and four jade cups, which filled by dipping them into the wine. Mr. Wei had the gold cup, and after each drink exclaimed: "Marvellous!" They had feasted for some time when Whiskers Wang led in four servants carrying a chest.(杨宪益戴乃迭译)

　　宝玉便要了一壶暖酒，也从李婶、薛姨妈斟起，二人也笑让坐。贾母便说："他小呢，让他斟去，大家倒要干过这杯。"说着，便自己干了。邢王二夫人也忙干了，让着薛、李二人。薛、李二人也只得干了。贾母又命宝玉道："连你姐姐、妹妹一齐斟上，不许乱斟，都要叫他干了。"宝玉听说答应着，按次斟了。至黛玉前，偏他不饮，拿起杯来，放在宝玉唇边，宝玉一气饮干。黛玉笑说："多谢。"宝玉又替他斟上一杯。凤姐儿便笑道："宝玉，别喝冷酒，仔细手颤，明儿写不得字，拉不得弓。"（曹雪芹《红楼梦》第五十四回）

　　Baoyu now called for a pot of warm wine to toast aunt Li and Aunt Xue, who both begged him to be seated. "Let the boy fill your cups," said the lady dowager. "Mind you empty them." She drained her own cup then. And when Lady Xing and Lady Wang followed suit, Aunt Xue and Aunt Li had to drink up too. "Fill your cousins' cups," the old lady told Baoyu. "See that you do it properly and make them all drink up." Baoyu assented and filled every cup in turn. When he came to Daiyu she refused to drink but held the cup up to his lips, thanking his with a smile when he tossed it off. He poured her another cup. "Don't drink cold wine, Baoyu," warned Xifeng. "If you do, your hands will tremble too much to write or draw your bow later on."（杨宪益、戴乃迭译）

　　（3）意译

　　例如：

　　宝钗笑道："把个酒令的老祖宗拈出来了。射覆从古有的，如今失了传，这是后人纂的，比一切的令都难。这里头倒有一半是不会的，不如毁了，另拈一个雅俗共赏的。"探春笑道:"既拈了出来,如何又毁。如今再拈一个,若是雅俗共赏的,便叫他们行去。咱们行这个。"说着又着袭人拈了一个,却是"拇战"。史湘云笑着说:"这个简断爽利,合了我的脾气。我不行这个射覆,没的垂头丧气闷人,我只划拳去了。"探春道:"惟有他乱令,宝姐姐快罚他一钟。"宝钗不容分说,便灌了湘云一杯。(曹雪芹《红楼梦》第六十二回)

"You've picked the ancestor of all drinking games," chuckled Baochai. "It was played in ancient times, but the original rules have lost now. What we have is a later version, more difficult than all other drinking games. Half of us here wouldn't be able to play it. Better scrap this and pick one to suit all tastes."

"As this has already been picked," Tanchun objected, "how can we scrap it? Pick another as well, and if that one's more popular let the others play that while we play this first one."

She told Xiren to draw another lot, and this proved to be the finger guessing game.

"This is simple and quick, it suits me!" chortled Shi Xiangyun. "I shan't play conundrums: that's too boring and depressing. I shall guess fingers."

"She's broken the rules, cried Tanchun. Quick, Cousin Baochai, make her drink a cup as a forfeit."

Baochai laughingly forced Xiangyun to drain a cup.(杨宪益、戴乃迭译)

(4)解释性翻译

例如:

杜少卿走进去,问娘子可晓得这坛酒,娘子说不知道。遍问这些家人、婆娘,都说不知道。后来问到邵老丫,邵老丫想起来道:"是有的。是老爷上任那年做了一坛酒,埋在那边第七进房子后一间小屋里,说是留着韦四太爷同吃的。这酒是二斗糯米做出来的二十斤酿,又兑了二十斤烧酒,一点水也不掺。而今埋在地下足足有九年零七月了。这酒醉得死人的,弄出来少爷不要吃!"(吴敬梓《儒林外史》第三十一回)

Du Shaoqing went to the inner chambers to ask his wife if she knew anything about this wine, but she did not. He asked all the servants and maids, but none of them knew. Last of all, he questioned his wet–nurse Shao. "There was such a jar," she recalled. "The year that our late master became prefect he brewed a jar of wine and buried it in a small room at the back of the seventh courtyard. He said it was to be kept for Mr. Wei. The wine was made of two pecks of glutinous rice and twenty catties of fermented rice. Twenty catties of alcohol went into it too, but not a drop of water. It was buried nine years and seven months ago, so it must be strong enough now to blow your heads off. When it's dug up, don't drink it, sir!" （杨宪益、戴乃迭译）

老太太道："你来了，不是要行令吗？"鸳鸯道："听见宝二爷说老太太叫我，敢不来吗？不知老太太要行什么令儿？"贾母道："那文的怪闷得慌，武的又不好，你倒是想个新鲜玩意儿才好。"鸳鸯想了想道："如今姨太太有了年纪不肯费心，倒不如拿出令盆骰子来，大家掷个曲牌名儿赌输赢酒罢。"贾母道："这也使得。"便命人取骰盆放在桌上。鸳鸯说："如今用四个骰子掷去，掷不出名儿来的罚一杯，掷出名儿来，每人喝酒的杯数儿掷出来再定。"众人听了道："这是容易的，我们都随着。"（曹雪芹《红楼梦》第一百零八回）

"So here you are, eh?" said the Lady Dowager. "We want to play drinking games." "I came because Master Bao told me you wanted me, madam. What game would you like to play?"

"Those literary games are terribly dull, but rowdy ones are no good either. You must think of something fresh."

After a moment's reflection Yuanyang said, "Aunt Xue at her age doesn't like to cudgel her brains, so why don't we fetch the dice–pot and toss for the names of melodies, making the losers drink?"

"Very well." The old lady sent for the dice–pot and had it put on the table.

"We'll throw four dice," Yuanyang announced, "Anyone who fails to produce a name must drink one cup as forfeit. If a name is thrown, the others will have to drink according to the pips."

"That sounds simple," said the rest. "We'll do as you say." （杨宪益、戴乃迭译）

三、英汉茶文化与翻译

无论是在西方国家还是在中国，茶都是一种常见的饮品，人们在饮茶的过程中交流感受、交换思想，从而实现有效的交际。由于社会历史条件不同，中西方国家形成了各自独特的茶文化。

（一）英汉茶文化对比

1. 西方的茶文化

茶原产于中国，后经丝绸之路传入西方。目前可查的关于茶的最早记录是《塞缪尔日记》，其中写道："我喝了一杯以前从未喝过的茶。"而这一天是 1660 年 9 月 25 日。因此，可以推测茶就是那个时候被运往西方国家的。英语中的茶叶用 tea 表示，这一发音源于中国香港。换句话说，中国香港当时把茶叫作 [ti]，因此在传入西方时也沿用了这一发音，后来演变成了用英语来拼写的 tea。这也证明中国是茶的故乡。

1750 年，英国人托马斯·肯特撰写了《茶经》，对种茶、采茶、制茶、泡茶等进行了介绍，这大概是西方最早的一本品茶学专著。在此之前，就有一位叫托马斯·加雅的咖啡店店主在自己店里举办了英国历史上第一次茶叶大展卖，并大获成功。由于他们的大力推广以及人们的积极参与，茶在英国流行起来。

英国人爱喝茶是众所周知的，饮茶已成为英国皇室举行重大社会事件时的重要内容。英国女王在处理民生、国家利益等重要事务时，饮茶是一项不可或缺的仪式。此外，饮茶是英国人在工作之余的一种重要的休闲方式，不仅有早茶、午茶和晚茶之分，还配有各种小茶点。可见，饮茶已完全融入了英国人的日常饮食，成为与"一日三餐"一样重要的部分。

德国人也非常喜欢饮茶，且形成了独特的"冲茶"习惯，即在茶壶上放一个漏斗，漏斗卜放一个细密的金属筛子，将茶叶放在筛子卜面，然后用沸水不断冲洗茶叶，使茶水流到茶壶内。用这种方法冲出的茶水颜色非常淡。此外，德国人还饮用"花茶"，即将各种花瓣与苹果、山楂等果干混合在一起。他们的花茶没有一片茶叶，属于"有花无茶"。

饮茶在法国也成为一种时尚。法国人不仅进口茶叶，还积极学习东方的茶道文化。巴黎就有许多具有东方文化色彩的茶座。

美国虽是咖啡王国，但有一半人喝茶。此外，美国的茶叶销售额也十分惊人，每年可超过 10 亿美元。值得一提的是，美国人不像中国人那样喜欢饮热茶，他们更喜欢喝凉茶甚至冰茶。从饮茶方式来看，他们更喜欢饮用罐装的，加入奶、糖、咖啡等其他材料的冷饮茶，而不是即时加工的茶水。

综上所述，西方国家从中国引进了茶叶，但他们并不是机械地传承中国茶文化的内涵，而是将中国的茶文化与各自的民族文化相结合，从而使饮茶方式不断发展。

2. 中国的茶文化

《神农本草经》是已知最早的中药学著作，"茶"字最早出现在这本书中。公元 758 年，唐代陆羽完成了《茶经》。这本书对茶叶的栽培、制作、挑拣、品饮以及评选等都进行了详细论述，是世界上最早的茶叶专著，由此陆羽被后人尊称为"茶圣"。根据《茶经》的记载，我国早在 4700 多年前就已发现茶树并开始利用茶叶。

根据最新的发现及论证，中国西南地区的云南、贵州、四川等地是茶树的原产地。后来，随着人口的迁徙以及地质上的差异，茶树慢慢普及全国并开始了人工种植。

中国人常说，"开门七件事，柴米油盐酱醋茶"。茶排在最后并不是因为茶不重要，而恰恰说明只有在满足前六个基本要求后，人们才有能力和心情去品茶。所以，茶既野又文，既俗又雅，不仅能解渴疗疾，还能悦目赏心，还与中国人的生活紧密相连。上至帝王将相、文人墨客，下至平民百姓、挑夫贩夫，无不以茶为好。

中国人饮茶并非为了解渴，茶有更深层次的精神内涵。魏晋时期的玄学家提出，茶不仅可以解渴、药疗，还可以为交流增添气氛。后来，茶文化发展过程中受儒、道、佛三教的浸染，形成了独特的中国茶道精神。茶文化吸纳了儒家"中庸和谐"的观点，体现了"修身、齐家、治国、平天下"的思想。因此，饮茶不仅可以磨炼人的意志，还能协调人际关系，从而实现互敬、互爱、互助的大同理想。饮茶可以使人心静、不乱、不烦，有乐趣，有节制，茶文化还与道家"天人合一"的思想相融，即通过饮茶来助长内力，达到养生贵生的目的。佛学则通过茶道向人讲道、使人顿悟，把饮茶从一种技艺提高到精神的高度。禅宗便是佛学与茶道有机结合的产物。

可见，儒家以茶养廉，道家以茶求静，佛家以茶助禅，中国的茶文化反映了人与自然的高度统一，以及中国人对真、善、美的追求。

（二）英汉茶文化翻译

我国具有悠久的饮茶历史，并形成了独具特色的茶文化，尤其在茶名、茶具、茶的烹制方法等方面都讲究颇多。此外，我国人民在长期的饮茶活动中还形成了一些特定的茶道与饮茶习俗，这些也成为中华茶文化重要的组成部分。在对茶文化进行翻译时，应注意准确传递这些文化内涵。

（1）茶名的翻译

例如：

和尚陪着小心，等他发作过了，拿一把铅壶，撮了一把苦丁茶叶，倒满了水，在火上燎得滚热，送与众位吃。（吴敬梓《儒林外史》第二回）

The monk apologized profusely when he had finished. Then he fetched a pewter kettle, put in a handful of tea leaves, filled the kettle with water, boiled it over the fire and poured out tea for them.（杨宪益、戴乃迭译）

（2）茶具的翻译

例如：

船舱中间，放一张小方金漆桌子，桌上摆着宜兴砂壶，极细的成窑、宣窑的杯子，烹的上好的雨水毛尖茶。那游船的备了酒和肴馔及果碟到这河里来游，就是走路的人也买几个钱的毛尖茶，在船上煨了吃，慢慢而行。（吴敬梓《儒林外史》第四十一回）

Each vessel carries a small, square, gilt–lacquered table, set with an Yixing stoneware pot, cups of the finest Cheng Hua or Hsuan Te porcelain, and the choicest tea brewed with rain–water. Boating parties bring wine, dishes and sweetmeats with them to the canal, and even people traveling by boat order a few cents' worth of good tea to drink on board as they proceed slowly on their way.(杨宪益、戴乃迭译）

妙玉听了，忙去烹了茶来。宝玉留神看他是怎么行事。只见妙玉亲自捧了一个海棠花式雕漆填金云龙献寿的小茶盘，里面放一个成窑五彩泥金小盖钟，奉与贾母。贾母道："我不吃六安茶。"妙玉笑说："知道。这是老君眉。"贾母接了，又问是什么水。妙玉笑回："是旧年蠲的雨水。"

贾母便吃了半盏，便笑着递与刘姥姥说："你尝尝这个茶。"刘姥姥便一口吃尽，笑道："好是好，就只淡些，再熬浓些更好了。"贾母众人都笑起来。然后众人都是一色官窑脱胎填白盖碗。（曹雪芹《红楼梦》第四十一回）

Miaoyu at once went to make tea.

Baoyu watched the proceedings carefully. He saw Miaoyu bring out in her own hands a carved lacquer tea-tray in the shape of crab-apple blossom, inlaid with a golden design the "cloud dragon offering longevity". On this was a covered gilded poly chrome bowl made in the Cheng Hua Period. which she offered to the Lady Dowager.

"I don't like Liu'an tea," said the old lady.

"I know," replied Miaoyu smiling. "This is Patriarch's Eyebrows."

What water have you used?"

"Rain-water saved from the last year."

The Lady Dowager drank half the bowl and passed the rest with at winkle to Granny Liu, urging her to taste the tea. The old woman drank it straight off.

"Quite good, but a bit on the weak side," was her verdict, which made every one laugh. "It should have been left to draw a little longer."

All the others had melon-green covered bowls with golden designs of new Imperial kiln porcelain.(杨宪益、戴乃迭译)

（3）茶的烹制方法的翻译

例如：

当下锁了门，同道士一直进了旧城，一个茶馆内坐下。茶馆里送上一壶干烘茶、一碟透糖、一碟梅豆上来。（吴敬梓《儒林外史》第二十三回）

He locked his door and went with the priest to a tea-house in the old city. The waiter brought them a pot of tea, a plate of sweets and another of spiced beans. （杨宪益、戴乃迭译）

黛玉因问道："这也是旧年的雨水？"妙玉冷笑道："你这么个人，竟是大俗人，连水也尝不出来。这是五年前我在玄墓蟠香寺住着，收的梅花上的雪，共得了那鬼脸青的花磁瓮一瓮，总舍不得吃，埋在地下。今年夏天才开了，我只吃过一回，这是第二回了。你怎么尝不出来？隔年蠲的雨水，那有这样轻淳，如何吃得！"（曹雪芹《红楼梦》第四十一回）

"Is this made with last year's rain-water too? " Asked Daiyu.

Miaoyu smiled disdainfully.

"Can you really be so vulgar as not even to tell the difference? This is snow I gathered from plum-blossom five years ago while in Curly Fragrance Nunnery on Mount Xuanmu. I managed to fill that whole dark blue porcelain pot, but it seemed too precious to use so I've kept it buried in the earth all these years, not opening it till this summer. Today is only the second time I've used it. Surely you can taste the difference? How could last year's rain-water be as light and pure as this?"（杨宪益、戴乃迭译）

（4）茶道的翻译

例如：

尤氏忙止道："不必，不必。你这一向病着，那里有什么新鲜东西，况且我也不饿。"李纨道："昨日他姨娘家送来的好茶面子，倒是对碗来你喝罢。"说毕，便吩咐人去对茶。（曹雪芹《红楼梦》第七十五回）

"No need, no need," Madam You at once demurred. "I'll as you've been, you can't have any delicacies here. Besides, I'm not hungry."

"Lan's aunt has sent me some good fried flour, let's mix a bowl for you to taste." She ordered a maid to prepare this, while Madam You remained silent in a brown study.（杨宪益、戴乃迭译）

坐定，家人捧上茶来。揭开来，似白水一般，香气芬馥，银针都浮在水面。吃过，又换了一巡真"天都"，虽是隔年陈的，那香气尤烈。（吴敬梓《儒林外史》第四十六回）

Once they were seated, a servant brought in tea. When the bowls were uncovered the tea looked as pale as water, but it gave off a rare fragrance, and the leaves were floating on the surface. Following this, some Tientu tea was served. And although the leaves had been kept for over a year, this brew was even more fragrant than the first.（杨宪益、戴乃迭译）

（5）饮茶的翻译

例如：

于老者道："恰好烹了一壶现成茶，请用杯！"斟了送过来。荆元接了坐着吃，道："这茶，色、香、味都好。老爹，却是那里取来的这样好水？"于老者道："我们城西不比你城南，到处井泉都是吃得的。"（吴敬梓《儒林外史》第五十五回）

"I've just made a pot of tea. Please have a cup." "This tea looks, smells, and tastes delicious, uncle," said Jing. "Where do you get such good water?" "We're better off than you folk in the south city. We can drink from all the wells here in the west."（杨宪益、戴乃迭译）

妙玉笑道："你虽吃的了，也没这些茶糟蹋。岂不闻'一杯为品，二杯即是解渴的蠢物，三杯便是饮牛饮骡了'。你吃这一海，便成什么？"说的宝钗、黛玉、宝玉都笑了。妙玉执壶，只向海内斟了约有一杯。宝玉细细吃了，果觉轻淳无比，赏赞不绝。（曹雪芹《红楼梦》第四十一回）

"Even if you can, I've not so much tea to waste on you. Have you never heard the saying: 'First cup to taste, second to quench a fool's thirst, third to water an ox or donkey'? What would you be if you swallowed such an amount?" As the three others laughed, Miaoyu picked up the pot and poured the equivalent of one small cup into the goblet. Baoyu tasted it carefully and could not praise its bland purity enough.（杨宪益、戴乃迭译）

第三节　英汉建筑文化与翻译

建筑是人类为了自己及其所属而建造的栖身之地，是人类生活的重要组成部分。在长期的历史发展过程中，建筑文化随之产生，并对文化与社会的发展起到了一定的促进作用。在地理环境、风俗习惯等因素的作用下，中西方国家形成了不同的建筑文化，体现了各自的价值观与审美情趣。本节将在对比分析英汉建筑文化差异的基础上探讨对它们的翻译问题。

一、英汉建筑文化对比

（一）建筑的价值观念

1. 西方建筑的价值观念

西方建筑的价值观念有着自身强烈的特色。西方建筑在材料的选取方面多使用石头，体现了西方人对理性生活的追求，同时体现了人定胜天的思想。西方人看重人的力量，追崇理性思维，因此西方的建筑多给人冷静、稳重之感。

西方人追求自由，这在英国伦敦的圣保罗大教堂有着鲜明的体现。教堂代表的是人们的精神，是神圣不可侵犯的。这种哥特式的教堂往往呈现出灵动、奔放的力量，线条的直升，空间推移的奇突，光线的色彩斑斓等，给人以神秘之感与向上的冲力，充分表达了人们对自由的追求。

另外，发达而丰富的西方哲学也给西方建筑带来了深刻的影响。特别是西方哲学中以人为本、和平民主、博爱平等、自由浪漫的思想，对古希腊、古罗马建筑文化的影响尤为明显。

2. 中国传统建筑的价值观念

中国自古便追求"天人合一"的境界，这一点也体现在中国的建筑文化中。中国的传统建筑在选材上多用土木材料，体现出了对大地和植物的热爱，表达了希望人与自然和谐相处的建筑理念。在建筑命名上，我国喜欢将高大的建筑群称为"殿"或"堂"，体现出传统建筑的恢宏气势，也体现出传统建筑的质朴、顺应自然的灵秀之美。而天坛堪称中国最圆满的建筑作品之一，体现了古人对"天人合一"思想的追求与实践。

（二）建筑形制对比

建筑形制指的就是建筑物的形状与模式，是建筑文化的重要组成部分。中西方建筑在建筑形制上有着显著的差异。

1.西方建筑形制

西方建筑指的是从古希腊一直到 19 世纪的西方古典建筑。

（1）古希腊时期的建筑

古希腊时期的文明多以神话传说为主，主要为了祭拜神灵，与神灵交流，寻求庇佑。古希腊人强调"人神合一"，因此建造了很多气势庞大的神殿，他们认为神与人一样，有着七情六欲，但神比普通人更加完美，所以希腊人将神话中的人文关怀和人文精神都融入了神殿的建设中。希腊的神殿以大理石为基座，以大理石柱为支撑，柱子顶端为横眉，上方的三角眉装饰以精美的神话题材雕塑。整个神殿为长方形，殿内高大开阔，神殿的尽头建有巨型的神灵雕像。具有代表性的希腊神殿当属雅典的帕特农神庙。

（2）古罗马时期的建筑

崇尚暴力是古罗马文化最具特色、与众不同的特征之一，因此其在建筑上也有所体现。古罗马帝国的许多宫殿与贵族的府邸都是世界建筑师的精彩作品。古罗马帝国还修建了很多公路网络，也修建了多个竞技场、斗兽场等。为了解决饮水问题，古罗马人还修建了水渠。

（3）文艺复兴时期的建筑

文艺复兴时期的建筑重新采用了古希腊、古罗马时期的柱式构图要素，这是因为古希腊、古罗马时期建筑所体现的和谐与理性迎合了文艺复兴时期的人文主义观点。文艺复兴时期的建筑特征是庄严肃穆、刚劲有力，以轴线构图为主的建筑，极具个性。

（4）17 世纪至 18 世纪时期的建筑

17 世纪的欧洲出现了新一轮的建筑高潮。这一时期，人们将建筑的重点置于花园别墅、中小教堂等小型建筑物。这一时期的建筑风格非常奇特，人们不惜采用贵重的材料彰显装饰之美。这种风格的建筑往往被称为巴洛克式建筑，其打破了人们对古典建筑理论的盲目崇拜。巴洛克风格下的教堂较为神秘，且看上去非常华丽，因此很快盛行于欧洲与美洲。

（5）19 世纪时期的建筑

19 世纪，钢铁成为一种重要的建筑材料并得到了广泛的应用，建筑开始进入一个全新的时代，打破了建筑在空间高度上的限制。但是欧洲的建筑风格在整体上仍然体现着古典建筑的风格。这一时期最为流行的两大建筑思想就是古典复兴和浪漫主义。

古典复兴又被称为新古典主义建筑。这种风格的建筑形式符合逻辑，形体独立、单纯、完整，细微之处处理朴实，装饰性构件较少。大多数的法院、国会、交易所、银行、剧院、博物馆等公共建筑以及一些纪念性的建筑都采用的是古典复兴建筑思想。这其中最具代表性的建筑有英国伦敦的大英博物馆、法国巴黎的凯旋门等。

浪漫主义建筑思潮最早在英国诞生，随后扩展到欧美地区，其追求超凡脱俗的异国情趣，提倡自然主义与艺术个性，代表建筑如曼彻斯特的市政厅。

欧洲历史上民族众多，各民族之间影响巨大，思想变革此起彼伏，在这样的背景下，西方的建筑呈现出建筑实物类型富于变化、建筑流派多种多样、建筑风格个性鲜明的特点。

2. 中国建筑形制

受我国两千多年封建社会与农业文明的影响，我国的社会格局与伦理道德变化较小，整个社会趋于稳定，这导致中国的建筑形制较为稳定。

（1）中国古都和皇家宫殿

中国有著名的七大古都，其中西安是中国隋唐时期的都城，其在唐朝时期东临沪水和灞水，北依渭水，地势南部偏高、北部偏低，是当时比较繁华的都城。唐朝的都城展现了"大唐风范"，当时的民族交融现象也非常普遍。

南京的旧称有建业、建康、金陵等，到了明代才改称为南京，是我国非常著名的"六朝古都"。明朝时期的南京城城墙由巨大的砖块砌成，以花岗岩为城基，共设有十三道城门，门上设有楼阁，有的甚至还建有瓮城。

北京是明清两朝的都城，是现存规模最大、保存最好的古代宫殿建筑群。如明朝建立的紫禁城，以南北主轴线作为中心呈现基本对称的格局，由将近千座的单体建筑构成，整个建筑气势恢宏，布局也比较严密。

（2）中国的园林

我国的园林建筑最早是从商周时期开始的，经过各个朝代的发展逐渐趋于完善，主要包括皇家园林和私家园林两类。

皇家园林是专为皇族纵情享受、休闲娱乐而建的，所以其建筑规模一般比较大，有很多真山真水，园中的建筑大多高大宏伟、富丽堂皇，每一处设计都尽显皇家风范。比较著名的皇家园林有北京颐和园、承德避暑山庄等。

私家园林是一些王公、贵族、富商等私人所有的园林，其建筑规模较小，往往采用仿造自然山水的形象，布局采用灵活多变的手法，彰显淡雅风格，且曲径通幽，小桥流水，给人以流连忘返的感觉，如恭王府、拙政园等就是这样的建筑。

（3）中国的民居

中国现存的古代民居大多是明清两朝留下来的平民居所。由于受地区和气候差异的影响，中国的民居呈现出多样的形式和各异的风格。比较有民族特色的主要有南方的吊脚楼、苏州民居、福建客家土楼、西北地区的窑式民居以及北京的四合院等。

总而言之，中国的建筑形制是一脉相承的，但是建筑类型较为单一，形制变化也很少，这主要是受中国传统文化的影响，呈现了一定程度的稳定性。

（三）布局理念对比

1. 西方建筑的布局理念

西方建筑呈现几何线条，是敞开的、有秩序的，如广场的设计就是非常开放的，其与建筑构成了一幅有趣的图画，且与城市环境相融合。当然，广场只是整个建筑的附属，真正居于主体的是广场中间的其他建筑。

2. 中国建筑的布局理念

中国建筑体现出一种围墙文化的特征，不管是中轴线设计，还是园林的错落有致，都是这种特征的外在体现。此外，殿堂或者庭院建筑也都有围墙，且宫殿、大堂是整个建筑的核心区域，其他建筑都是围绕这一核心来展开设计的。

（四）审美观念对比

1. 西方的审美观念

西方人崇尚理性主义，较为看重事物的实用性。体现在建筑上就是注重打造灵活多样的实体，注重物的形式之美以及外在景象给人带来的愉悦之感。西方古典建筑多呈现几何图形，非常壮观与大气。虽然经过了历史的变革，但是各个历史阶段都有着各自的特点。

西方的建筑文化是明确的、理性的，主要体现在柱式控制建筑构图，对比例的追求和建筑几何化。西方人认为一切事物的根本标准就在于数理，且在比例上体现了明确的数理文化。

2. 中国的审美观念

在建筑审美观念上，中国人注重追求对称美，通过中轴线的设计来营造一种对称的感受。很多中国古代宫殿都给人一种气势恢宏之感，这在很大程度上得益于有着对称作用的中轴线。从纵向看，中国很多建筑在中轴线旁边会建造一些次要的对称图形来表现主次之分。事实上，中国的这种审美风格是受中国政治文化与君臣文化影响的，暗示着中国对中庸、保守、和谐思想的推崇。

另外，中国比较有特色的园林建筑也彰显了中国人对意境美的追求。例如，苏州园林多比较精巧，且景观多呈现变化性，虚实的构思在园林的多处设计上有所彰显，形成了一种水乳交融的景象，令很多文人雅士流连忘返。

二、英汉建筑文化的翻译

由于英汉建筑文化的差异，其在语言中关于建筑的表达也不尽相同，给建筑文化的翻译带来了很大困难，需要译者采用恰当的翻译方法灵活处理。

（一）西方建筑文化的翻译

1. 专业词汇的翻译

由于西方建筑文化中的很多常用语在汉语中都有对应的表述，因此在对这些内容进行翻译时可采取直译法。例如：

abutment　桥台

architecture　建筑

bearing　承载力

condole　吊顶

cure　养护

ear　吊钩

masonry　砌体

mortar　砂浆

pier　桥墩

refuge　安全岛

reinforced concrete　钢筋混凝土

sandwich board　复合夹心板

glass　玻璃

clinkery brick　缸砖

common brick　普通砖

facing brick　铺面砖，面砖

cellar　地下室

chimney　烟囱

corner　墙角

curtain　窗帘

door　门

fireside　壁炉

floor　楼层

log　圆木

pillar　柱／柱脚

stair　楼梯

tile　瓦，瓦片

wall　墙

window　窗户

woof　屋顶

garden　花园

grass　草地

2. 长句的翻译

在描写建筑时，英语中常采用比较严谨的结构，所以常使用结构复杂的长句。在翻译这些长句时，首先要分析长句的句法结构，弄清楚各个层次的意义以及它们之间的逻辑关系，然后按照汉语的表达习惯进行表述。通常来讲，当英语长句的句法结构与汉语一致时，可以采用直译法；当英语长句的句法结构与汉语相反时，可以采用逆译法。例如：

The bending moments, shear and axial forces, and deflections of reinforced concrete frames at any stage of loading from zero to ultimate load can be determined analytically using the conditions of static equilibrium and geometric compatibility, if the moment–curvature relationships of the sections are known.

如果截面的弯矩—曲率关系已知，钢筋混凝土框架从零到极限荷载间任一加载阶段的弯矩、剪力、轴向力和挠度，均可以通过静力平衡与几何相容两个条件应用解析方法来确定。

在翻译上述长句时，译者在仔细分析原文句法结构和逻辑关系的基础上，采用了逆译法进行翻译，这样在准确传递原文信息的同时，使译文符合汉语的表达习惯。

（二）中国建筑文化的翻译

1. 约定俗成法
中国是世界闻名的古国，拥有很多著名的古典建筑。很多学者对这些古典建筑进行过研究与翻译，随着时代的发展，这些翻译逐渐固定下来，成为约定俗成的表达。例如：

园林　gardens and parks

颐和园　the Summer Palace

亭　kiosk

回廊　cloister

假山　rockery/ rock work

岳阳楼　Yue yang Tower

四合院　quadruple courtyards/courtyard houses

水榭　waterside pavilion

木雕　wood carving

壁柱　pilaster

碑铭　inscription

2. 直译法
我国文学名著中有很多关于建筑的描写，现以这些名著为例，对建筑描写的翻译进行研究。对于描述类的中国建筑，有些译者采用了直译法。直译的目的不仅是将原文的意义准确地传达出来，还是对原文语言形式如句子结构、修辞手法等的保留。对中国传统建筑文化进行直译，有助于让译入语读者了解中国传统建筑文化的魅力。例如：

北京宫殿又称"紫禁城"，呈南北纵长的矩形，城墙内外包砖、四面各开一门，四角各有一曲尺平面的角楼，外绕称为"筒子河"的护城河。

Beijing Palace, also known as "the Forbidden City", showed a rectangle with a north–south longitudinal length. City walls covered by bricks, pierced by a gate on the four sides and decorated by a flat turret in the four corners are surrounded by a moat called "Tongzihe River".

原文是对紫禁城的描述，译文直接采用直译法，让译入语读者通过语言描绘出头脑中紫禁城的形象，勾勒出一幅古代皇宫的宫殿图，进而让读者了解中国建筑的不同与恢宏气势。

3. 音译加注法

中国的许多建筑有着悠久的历史，极具特色，很多术语对于外国人是闻所未闻的。如果译者在翻译时不进行特殊处理，那么就会让读者不知所云，也很难实现翻译的目的。在翻译这类词时，译者应该从源语文本考量，本着传播中国传统文化的目的，采用音译加注的方式来处理。例如：

高大的承天门城楼立在城台上，面阔九间……

The tall and noble Chengtianmen Rostrum stand on the platform with a nine Jian (the distance between two columns; often used in descriptions of ancient architecture).

"间"是中国传统建筑术语，即四根木头圆柱围成的空间，但是这个字对于西方建筑并不适用，西方建筑往往采用的是"平方米"。对于二者的换算，当前还没有什么好的方法。因此，最好的翻译方法就是直接翻译为"间"，然后在后面添加解释。

4. 意译法

英汉两种文化之间有着较大差异，为了缩小这种差异，在翻译中国建筑文化时就可以采用意译法，即译出原文大意，这样便于西方读者理解中国建筑文化的内涵。例如：

黛玉便令将架摘下来，另挂在月洞窗外的钩上，于是进了屋子，在月洞窗内坐了。（曹雪芹《红楼梦》第三十五回）

Daiyu made her take the perch down and hang it on a hook outside the moon window, then went inside and sat down by the window.（杨宪益、戴乃迭译）

　　"月洞窗"有着鲜明的汉语民族特色，如果直译则不利于译入语读者理解，此时就可以采用意译法，译出其内在含义，以便于读者理解其深层含义。

　　总体而言，中英文化寓意丰富，而且差异显著，也体现着各自民族的文化特色、审美心理和价值观念等。对文化进行恰当的翻译，有利于各个国家的人们更好地相互了解和沟通，对此，译者需要采用恰当的方法准确翻译。

第四节　英汉思维与翻译

　　语言是思维的外显，思维是语言的内在。了解一种语言，不仅要研究语言本身，更要研究语言的内在体现形式。思维方式作为一种隐性要素，遍布文化领域的各个方面，包括物质文化、精神文化等，尤其体现在哲学、语言、艺术、科技以及日常实践中。

　　个人主义思维与集体主义思维导致中西方国家在政治、经济、社会、哲学、宗教等方面也会产生一定的差异。"两类文明理论"便是最好的解释：由于思维方式的不同，西方国家倡导个人主义，而中华民族则强调集体主义。

　　西方文明中的"个人主义"认为个人利益与集体利益同等重要，其根本原则是将个人与集体区分开。个人主义强调每个人都是独立且伟大的，它更注重个人的价值、尊严与利益，反抗权威以及所有试图控制个人的行为——尤其是那些由国家或"社会"施加的强迫力量。在许多学者看来，集体主义是中国思维方式区别于西方思维方式的一个重要标志。与崇尚个人特性与自由的西方文化不同，自古以来，中华民族就有着根深蒂固的集体主义思想。集体主义推崇个人从属于社会，个人利益要为集团、民族、国家的利益让步。纵观历史，在民族、国家危在旦夕，个人漂浮不定时，中国人往往敢于舍生取义、为国献身。例如：南宋文天祥兵败被俘，依然写下"人生自古谁无死，留取丹心照汗青"的名句，因此他被后世当作为国舍生取义的典范；"苟利国家生死以，岂因祸福避趋之"，林则徐在面对国家危难时刻，将国家利益放在个人生死之前。

新中国成立以来，作为道德的基本原则，集体主义一直在我国社会发挥着基础性作用。各种集体主义事例详见于报端："杂交水稻之父"袁隆平，扎根稻田几十年，甘于奉献，呕心沥血，为解决中国人民的温饱和保证国家粮食安全做出巨大贡献；"中国导弹之父"钱学森不顾美方万般阻挠，甚至不惜放弃美国的高薪收入，也只为回报魂牵梦萦的故乡，为祖国的导弹和原子弹事业做出巨大贡献；"中国铁路之父"詹天佑面对国内一无资本、二无技术、三无人才的艰难局面，满怀爱国之情，以忘我的吃苦精神刻苦钻研，历时四年实现京张铁路的竣工，为中国铁路事业做出巨大的贡献。除此之外，还有华罗庚、孔繁森、焦裕禄等一大批无私奉献的中国共产党人，他们将集体利益看得比个人利益更重要。

作为一个社会主义国家，同时又受到儒家思想几千年的浸润和熏陶，中国将集体主义看作道德观和价值观的体现。人是集体中的一员，离开集体，个人也就失去了作用。因此，中国人更关注身处集体社会中的人际关系，将集体主义看作价值的精髓。集体主义思维方式也形成了诸多的习惯用语，例如"人心齐，泰山移"的意思是，只要大家齐心协力、团结合作，泰山最终也可以被移除；"众人拾柴火焰高""一把火烧不开水，一只手捂不住天"，都反映的是集体的力量大于个人力量，依靠集体能更好地完成任务。

一、发散思维和聚焦思维

发散与聚焦是思维的两种基本形式。发散思维又可称为放射思维、扩散思维，它是指大脑在思维过程中所表现的一种扩散状态。心理学家认为，发散思维是创造性思维的最显著特征，是评判创造能力的主要标志之一。而聚焦思维与发散思维是相对而言的，它又被称为集中思维，聚敛思维，它以某一思考对象为对象，尽可能运用已有的经验和知识，将各种信息重组，将思维集中，从而解决某一问题。简而言之，发散性思维更有利于感性思维的产生，聚焦性思维更有利于理性问题的解决。

受语言环境的影响，中国人在思考时更倾向于利用发散思维。发散思维较多地用于中国的古诗中，能创造出"言有尽而意无穷"的精神境界。中国从古至今都在培育、开发人的智力方面占领着制高点。比如车轮的发明就来源于一片滚动的落叶。中国人善于在自然想象中寻求灵感，造纸术、指南针、火药、印刷术就是最有力的证明。为了提高印刷效率，毕昇发明了活字印刷；为了提高书写效率，蔡伦发明了造纸术……中国古代的四大发明囊括了劳动人民智慧的结晶，更为打破欧洲中世纪天主教思想枷锁，促进西方资本主义发展奠定了基础，在世界科技史上留下了浓墨重彩的一笔。放眼当今中国，发散思维更是必不可缺的。创新作为引领发展的第一动力发挥着不可替代的作用。随着新兴科技的日趋进步、新兴产业的蓬勃发展，社会对于发散思维的需求与日俱增。

发散思维对于中国古代文学的发展，尤其是对古代诗学的发展起着重要的作用，且发散思维更加有利于探索自然，能使人从自然中得到体认和顿悟，从而促使发明的产生。

如果说发散思维是"由一到多"的话，那么聚焦思维就是"由多到一"。然而它并非是对现有事物的排列整合，恰恰相反，聚焦思维是通过逻辑性思考对事物进行的创新性再生。聚焦思维善于对已有的事物进行层层剥离，在剥离的过程中使之更接近于事物的真相，同时也"离真理更近"。善用聚焦思维去探寻真理，最终才能使令人"震惊"的想法发展成为一个最终"震惊"世界的学说。不可否认的是，聚焦思维在西方现代科学中起着重要的作用。

从某种程度上来讲，在西方人看来，聚焦思维引人深思、发人深省，是探索真理的关键。西方学者和学生更加注重科研本身，以层级分析的形式逐步解析事物的本质，更加崇尚学术的纯粹性。这也说明了为什么西方国家的一流大学可以拥有世界级水平的学术影响力。

发散思维的表现之一是变通性，即联想能力，善用触类旁通的方式处理问题，是横向的。而聚焦思维表现在对主要问题的追究、探索，是纵向的。在写作中，中文擅长举例说明，善于运用大量的例子充实论据；英文中多是解释说明，会对论点做深入阐释。中国学生在托福和雅思的考试中经常会被诟病，中国学生的作文常常"顾左右而言他""不知所云"，这也是中国发散思维的一种重要体现。

二、线性思维和环形思维

据说日本的寺庙有每20年推倒重建的做法，在日本人心目中，寺庙依然是那个寺庙，这是东方人环形思维的体现。一般意义上讲，在处理问题上，西方人倾向于使用线性思维，东方人倾向于使用环形思维。

线性思维是一种直线的单向的思维方式。线性思维也称作推理性思维，它从整体到部分，从总体到个人，从辨析到具体，从目标到推理，从小到大，能很好地通过整体去理解部分，最终生成无限小的各个相关部分。在表达个人观点时，西方人倾向于直奔主题，直抒胸臆。

环形思维则具有迂回曲折的特点，即并非直抒其意而是顾左右而言他，然后使用修辞的方式，如隐喻、类推等去展开一种论点，最后回到主题，或者有意地指向其他，最后揭示出一种隐含的主题，类似于我们常说的"绕圈子"。

这种思维差异在商务洽谈中可见一斑。西方人常讲"Business is business."，意思是"生意归生意；公事公办；就事论事"。他们信奉"时间就是金钱"，在商务谈判中往往直截了当，坐下来就谈生意，较少寒暄，以最少的投入牟取最大的利益。而中国人在商务谈判的过程中，往往都会抱有一种建立关系的姿态。酒桌文化在中国担负着极为重要的社交功能。在酒桌上，似乎一切与谈判并无多大的关系，但只要是熟悉中国酒桌文化的人都了解，谈判最终能否成功，双方在酒桌上看似跑题的彼此寒暄、试探、拉拢和角力，常起到至关重要的作用。

在语言层面上，西方人的线性思维表现为说话、写文章均讲究开门见山。在日常交流中一般会直接表达自己的观点。在遣词、造句及谋篇上，多采用从概括到举例、从一般到具体、从整体到部分的原则。例如，在段落中常以一个主题句开头，也就是先表达中心意思，再层层演绎或逐项论证。而中国人在探讨某一话题时，常不直接切题，总会先从相关信息谈起，而后进入话题，即抛砖引玉；在向别人提出要求时，会先做好铺垫，而后再表达自己的想法。文章的结构一般是归纳式的，先阐述相关论据，再举例说明，最后得出结论。这个过程讲究首尾照应，如果开头提出问题，文章最后会总结并给出答案，呈现出圆形或者螺旋式的结构，就像八股文讲究"起、承、转、合"一样，是一个反复发展的过程。因此，英语文章给人以观点直接、鲜明的感觉，通过每段的主题句就可以了解作者的观点，"三段论"模式的演绎论证使文章结构紧凑，行文显得利索、明朗。相对而言，汉语文章会给人一种婉转、含蓄的感觉，反复发展的螺旋式结构使文章形式比较散（意义上是连贯的），行文隽永；汉语文章中的主题有时并不会直接出现，作者引而不发，需要读者看完后归纳总结。

中西建筑的某些特点也反映着中西思维方式的不同。环形思维带有封闭性，体现在建筑上就是中国建筑里院落、围墙的封闭性。而西方建筑的特点之一是开放性。院落是中国传统建筑中作为主体的必要元素，建筑中的场院空间都是围合状态下的封闭空间，院落是建筑群的主体，建筑围绕院落来布置。因此，有着环形思维的中国人创造了"曲径通幽"的中国式园林：曲折迂回，互相嵌套，形式丰富多彩。而西式园林则体现出西方人线性思维的特点：广场是西方建筑最具特色的外部空间，草坪整齐平整，花木也有一定的几何样式。

在人文情感层面，倾向于环形思维的中国人大多是内敛、保守的，追求中庸；倾向于线性思维的西方人则直率、开放，喜欢标新立异。中国人在表达意见时为了避免摩擦会考虑周围人的感受，为人处世显得圆滑；西方人会直截了当地表达感受，某些情况下会更有效率、更直接。在情绪表达方面，在同一个场合，如果心情不好，西方人就会直接表现出来，而中国人为了不破坏现场气氛或者不影响其他人，往往会隐藏自己的情绪。中国人会比较周到地考虑各种因素来选择适合的方式表达自己，而西方人则倾向于比较直观的表达。

当中国的环形思维运用到多个方面的时候，便会出现很多有趣的现象，或许这是比汉字更加难以理解的中国式的人际关系。"中国人一出生就致力于建立自己的关系网，随着他们遇见越来越多的人，并且在这过程中不断地建立起复杂的关系，他们的关系网也在不断地扩大。解释起来就是'你并不是真的知道你现在是谁'。这句话在中国这种用循环的复杂的人际关系网络将许多人关联在一起的文化环境下显得非常真实。"

总的来说，我们认为世界上的事物是普遍联系的，所以我们可以把很多看似不相干的东西归到一起，这就是环形思维。而西方的线性思维认为，事物之间的联系是必须靠逻辑推理的。两种思维各有优劣，在日常的工作交往中，更加注重表达范式、交往范式、语言构型范式的不同，才会创造出"和而不同"的共存环境。

三、散视点与焦视点

散视点，又称散点透视法，也叫移动视点，起源于中国古代的山水画技法。它是指画家的观察点不固定在一个地方，也不受一定视域的限制，而是根据需要，移动着进行观察，以多视角多焦点构图造型。"在画山水的时候，把视点逐步前移。作者从这山转到那山，步步看，面面观，前顾后盼，左看右看，把众多的景物集中到一幅画面上……这种、与物推移、与大自然浑然一体的流动空间意识，使画家既能最客观地于尺幅之间画出千里万仞之景，又能最主观地将自己的情感借千姿百态的大自然充分体现。看西洋画只能'驻足'，看中国画却能'卧游'。"正是得益于"散点透视法"原理，中国古代艺术家才可以创作出如《清明上河图》等长达数十米、数百米的长卷。《清明上河图》采用的是"散点透视法"的表现手法，画面中大到原野、河流、城郭，小到马车上的铆钉、摊贩上的小商品、店铺招牌上的文字，整个汴京的城市面貌一览无余，而这正是采用"焦点透视法"的西洋画所无法承载的。

焦点透视法，即焦视点，或称定点透视，指"像照相一样，人眼的视点固定在一个位置上，把能摄入镜头的物象如实照下来，不同距离的物体在同一画面上体现近大远小、近宽远窄、近高远低、近实远虚的关系。因为受空间的限制，视域以外的物体就不能摄入了"。焦点透视法符合人真实的视觉，是一种写实性的绘画技法。达·芬奇的《最后的晚餐》即为焦点透视法的典范之作。

我们可以这样理解，散视点思维是一个从面到点的过程，焦视点思维则是一个从点到面的过程。中国古代的诗歌就有点面结合的描写方法。点面结合即大处着墨小处落笔，从整体到局部的描景状物方法。唐代柳宗元的《江雪》就运用了这种描写方法，"千山鸟飞绝，万径人踪灭。孤舟蓑笠翁，独钓寒江雪"。前两句先写"千山""万径"，展现出一幅寂静、苍茫的画面，后两句写到江面上的一叶扁舟、一个老翁；从"千山""万径"中飞鸟绝迹、人踪湮没的画面描写，到对"孤舟""独钓"的老翁的刻画，从面到点，从景物的寂静写到人的孤独绝望。这是柳宗元《江雪》所展示的景象。这种散视点思维下由面到点的描写方法在中国古代诗歌中很常见，由面到点的描写中，通过景物的对比实现对情感的表达和意境的描绘，驾一叶扁舟独钓并不稀奇，但是在满山是雪、道路皆白、飞鸟绝迹、人踪湮没的背景中，独钓就不平常了。

散视点思维与焦视点思维有着不同的文化渊源。中国文化主张"天人合一"，在人与自然、人与社会的关系上强调顺应自然，认为艺术的最高层次不是站在客体之外把握它的特点和规律，而是应尽可能地融入客体之中，最终达到物我两忘的境界。因此，中国绘画历来不是以再现自然为目的，而是讲究虚实结合，重在立意。作品是创作者情感和意趣的载体，给人一种意境之美。而西方的思维模式和哲学传统基本上是以"天人对立"的思想为基础的，认为人要认识自然、征服自然。因此在西方绘画中，画家从客观的角度来把握自然，要求所画的作品应与眼睛看到的实景相符。西方人习惯于使主体与客体保持距离，善于从某个特定观察角度，对客体进行客观细致的描述。

中西方的语言文字特点也可以帮助我们理解这两种思维。西方的句子以动词为核心，其他成分围绕动词组建彼此的关系。这就在很大程度上限定了西方人的思维模式（焦视点思维）。汉语句子结构采用错落有致的流水式，以意带形，追求"形散而神不散"，这正是散视点思维的特点。

散视点思维与焦视点思维反映到文学上，就突出表现为二者在框架和表现手法上的不同。以亨利·詹姆斯的《贵妇人画像》和曹雪芹的《红楼梦》为例，西方小说多倾向于在一个固定的时空框架中观照生活，它总是以一个或几个人物为中心人物，其他人物则处于陪衬地位，是典型的"焦视点"式构思；中国小说中的人物刻画则体现出汉语的流动性，小说以一种"散点透视"的方式观照生活，随时从任意一页开始读，都能让人很快沉浸其中。整部小说并没有以一个或几个人物为重点加以浓墨重彩地描绘，而是悉心地描绘每一个上场的人物，使全文具有一种恢宏的历史感、生活感，给人的心灵以强烈震撼。

简而言之，中国的散视点思维是流动、移动且综合的，西方惯有的焦视点思维则是直线、稳定且聚焦的。

四、综合思维和逻辑思维

中国人倾向于综合思维（整体思维），而西方倾向于逻辑思维（分析思维）。事实上，这两种思维是从整体与部分的关系来认识客观事物的。整体思维是将已有的关于客观对象各个部分、方面、特性和因素的认识综合到一起，形成对客观对象的统一的整体认识。分析思维则是人们将客观对象分解成各部分、方面、特性、因素等，一项一项地加以认识。

中国人的综合思维与中华民族传统文化中"天人合一"的古典哲学思想相吻合，古人认为天、地、人是和谐统一的整体。《易经》就将世间万物纳入由阴阳所组成的八卦系统和六十四卦系统，提出了"易有太极，是生两仪，两仪生四象，四象生八卦"的整体性世界观。到了先秦时期，庄子提出了"天人合一"的思想。战国时期，思想家荀子认为"天"是列星、日月、四时、阴阳、风雨、万物等自然现象互相作用而生成的功能系统，宇宙是受客观规律支配的统一整体。在前人的基础上，西汉时期的董仲舒最终把这种整体性世界观发展成"天人合一"的哲学思想体系，指出人与自然是对立统一的辩证关系。这一切促进了中国人综合思维的最终成形。

综合思维对中国的历史、文化和生活的影响是巨大的。以中医学为例，中医学根据道家的五行说——金、木、水、火、土，把人体的五脏六腑看作一个相互联系、相互制约、相互影响、相互作用并相互包含、相互映射的有机系统，且将人体病症治疗与地理环境、气候和四时变化等自然因素联系起来，比如我们常说的"头痛医脚，脚痛医头"的整体疗法。

西方哲学讲究天人相分、物我两别，虽不否认统一，但更重视对立。相比于中医，西医往往是头痛医头、脚痛医脚，整体意识较差；西医更强调局部，重视运用器官实体及生理结构来解释病理。配药上，中药常是多味配药，西药一般主张单药服用，这也体现着两种思维的差异。

中国人的审美情趣也体现出综合思维的特点。京剧是综合性的艺术，融合了歌唱、对话、舞蹈、武打这几种艺术形式，即唱、念、做、打。在表演中，这四种形式是相互结合、相辅相成的。戏曲演员只有具备这四种基本功，才能充分发挥京剧的艺术特色。在西方，有歌剧、舞剧、话剧等独立的艺术分类。西方以事物分开后的纯粹美作为一种美的标志，按照这种纯粹美的观点，他们将芭蕾这种动的舞蹈和歌剧这种相对静的演唱方式截然分开，使之成为两种具有不同标准的艺术形式。

值得一提的是，西方的芭蕾引进中国后，就被中国人创造性地借鉴了，《白毛女》成为舞蹈和歌剧的结合体。

中国画强调整体意境，如意境深远的山水画；西洋画注重透视法，西方绘画中多见市街、器物等。西方人物画讲究比例尺寸精确，而中国人物画追求神似和整体姿态的传神。这都体现着综合思维与逻辑思维的不同。

这两种不同的思维在语言上表现得更明显。汉语在表示时间或地点时，其顺序是从大单位到小单位；而英语则常常是从小单位到大单位。例如：

汉语：2016 年 5 月 21 日星期五晚上 9 点 30 分

英语：9:30 p.m. Friday, May 21, 2016

汉语：英国伦敦市贝克街 221B 号

英语：No. 221 B. Baker Street, London, UK

五、感性思维与理性思维

人的思维可细分为感性思维与理性思维。感性思维包括"爱""恨""愉快""悲伤"等感情成分，理性思维则包括"演绎""归纳""推理""论证"等理性成分。动物也有感情，也会有"喜、怒、哀、乐"的感性表现，但绝对不会使用"演绎归纳"等理性思考方法。地球上只有一种生物具有理性思维的能力，这就是"人"。从感性思维到理性思维的进步，是地球上几十亿年来生物进化的最高结晶。

感性思维与理性思维展现了人类思考过程中截然不同的两种模式。前者强调主观感受，而后者则更注重逻辑训练。作为中西方思维对比的一个重要方面，感性思维深刻体现着中国人依赖灵感与顿悟的心理习惯，而理性思维则反映了西方人侧重理智与逻辑的思考方式。在某种程度上，我们可以将其理解为情感与理智的碰撞。若是受制于某种主观意念，并且信以为"真"的话，人就丧失了一个认识世间万物的机会。有的时候，太执着于个人情绪，反而容易蒙蔽双眼，失去对事物本质的探究能力，这样的直觉思维自然是不可取的。那究竟什么才是真正的直觉思维呢？对一个问题未经逐步分析，仅依据内在的感知迅速地对问题答案做出判断、猜想、设想吗？若单单是这样，那便狭隘了。因此，笔者需要在这里为直觉思维做出澄清。

事实上，直觉思维由来已久，是一种常见的思维方式，相信大家对此并不陌生。在大部分人看来，直觉就是完全依赖于个体的主观印象。真是这样吗？《淮南子》曾有"一叶知秋"一词，意思是看见一片叶子的降落便能推测秋天要来临。尽管只是推测，但也建立在对自然规律有一定了解的基础之上，这便是中国人直觉思维的真正体现。一直以来，直觉思维都处于理性思维的初始阶段，它缺乏对事物的具体认识，将世间万物看作受主观臆想支配的产物。因此，直觉源于感官，但同样离不开理性的支持。确切来讲，直觉思维介于理性思维和感性思维之间，它既带有理性的色彩，又局限于感性的束缚。

直觉思维应是人们在百思不得其解之时，突然产生的"灵感"与"顿悟"，因此也可称为"感性思维"。作为一种心理现象，感性思维在创造性思维活动过程中发挥着尤为重要的作用。它不仅能推动前人智慧的发展，更能指引现代人思维发展的方向。

以古代哲学思想为例，道家推崇道法自然，大道无为，奉行以"无为"处世应物，以自然为法则的教义。可"道"究竟是什么呢？在老子看来，"道"就是万物之宗，是世间万千变化之根本。既然道法在心，那么万物有变又岂是一个"道"能阐释的，正所谓"道可道，非常道"（世间万物无法轻易被解释清楚）。换个角度想，感性思维其实也是突破条条框框束缚的创新性思维的一种，心理学家曾将直觉思维定义为一种潜意识的思维活动，在他们眼里，直觉往往能在瞬间洞悉事物本质，实现认知上的飞跃，这就是中国人智慧的根源了。

苏轼曾以一则著名的"取象类比"来形容直觉认知的创造性，原本风马牛不相及的事物，竟能通过感官上的直觉体验进行创造性活动。其实自古以来，直觉都不是凭空产生的，它是在对世间万物的感悟之上萌发的。

心理学家弗洛伊德认为，做微小的决定，需要依靠人的理性，把利弊罗列出来，逐一分析并做出正确的选择。可在做重大决定时，则应该依靠潜意识传递的信息，直觉会告诉你内心深处最需要的是什么。中国人向来喜欢顺应内心、依靠感觉，他们相信，真正的智慧要靠自我培养，要靠直觉的引导。但也正是如此，才导致中国人的思维方式存在一些缺陷，在很多情况下，缺乏理性思维导致我们思考问题没有整体性、系统性以及严密的逻辑性，很难达到西方自然科学所创造的成就，这也成为近代中国落后于西方的原因之一。尤其在当代中国，理性思维能力更是我们在生活、学习、工作中需要加强的能力。

与中国人的直觉思维不同，西方人更强调理性本身。他们将世间万物看作上天的赐予，认为只有理性思考才能探得世间奥秘。亚里士多德曾提出"人是理性的动物"这一说法，将理性看作探求宇宙万物、了解人与社会的出发点。因此，理性思维在西方社会的地位可见一斑。

西方理性的起源最早可追溯至古希腊哲学流派中。在西方人眼中，古希腊是开启理性的时代。那个时期，人们对宇宙万物的变化知之甚少。受制于低下的劳动力水平以及认知能力，他们往往不能对自然现象做出正确的判断和合理的解释。正如赫拉克里特最早提出的"逻各斯"便是西方人对世间变化规律的一种探索。尽管只是对事物运动变化规律的初步性探索，但它折射出了古希腊哲学家的理性思考。即便那一时期的哲学家们在追求世界本源上仍带有很大局限性，未能打破自然界的束缚，但他们的哲学思想无不体现着理性的特征。

自中世纪以来，理性思维更加普及，其内容也更加丰富，具体表现在解放思想和探索真理两个方面。自 14 世纪以来，生产力的蓬勃发展促使新兴资产阶级掀起了一场声势浩大的文艺复兴运动。至此，古希腊时期高度繁荣的文学艺术辗转衰败后又重获新生，给处于"黑暗时代"的欧洲带来了曙光。如此浩大的思想解放运动极大地促进了文化的繁荣，给愚昧迷信的西方人当头一棒，在唤醒他们对个人价值肯定的同时，更促进了理性思维的解放。越来越多的教徒摈弃盲目的宗教信仰，开始运用理性思维看待这个世界。这样的进步无疑是空前的，但历史仿佛并不甘于这样的结果。

三百年后，法国等地又掀起一场规模更为浩大的思想解放运动，席卷了哲学、伦理学、政治学、经济学等领域。此次启蒙运动的核心思想便是"理性崇拜"。德国著名哲学家康德曾出版《纯粹理性批判》《实践理性批判》等书，并指出此次运动的核心就是"人应该自己独立思考，理性判断"。这两场运动的爆发看似偶然，其实是必然。经济基础决定上层建筑，生产力的蓬勃发展必然引起思想上的解放。至此，受封建宗教思想束缚的西方人打破了局限，朝着理性思维的发展迈出一大步。

除解放思想以外，理性思维在探索真理方面更是发挥着不可替代的作用。在伽利略提出"自由落体定律""惯性定律"以及"伽利略相对性原理"以后，近代自然科学的大门被打开。随后，法国著名物理学家笛卡尔创造了"欧陆理性主义"哲学，创立解析几何理论，在自然科学史上留下划时代的印记。无论是物理学家牛顿提出的"牛顿三定律"、爱因斯坦提出的"相对论"，还是英国当代物理学家霍金提出来的"黑洞"以及"霍金辐射"，无一不是在理性思维的支配下实现的。

理性思维对于解放思想、探索真理方面产生的深远影响造就了近现代西方文学艺术以及科学技术等方面的蓬勃发展。大多数情况下，善用理性思维的确让人受益匪浅。但撇开感性思维空谈理性实为片面，理性思维是建立在感性思维的基础上的，也正是因为感性，我们才能利用理性。我国著名美学家朱光潜在《给青年的十二封信》中说道："人类如要完全信任理智，则人生趣味剥削无余……问心的道德胜于问理的道德，所以情感的生活胜于理智的生活。"由此可见，理性思维离不开感性思维的陪伴。

在此需要说明的是，中国人的直觉思维与西方人的理性思维都是不完美的。失去理性思维的支撑，直觉思维很难维持下去，反之亦然。在当代社会，平衡好直觉思维与理性思维的关系才是现代思维方式发展的正确方向。

六、具象思维与辨析思维

具象思维与辨析思维是两种基本的思维形态，事实上，人类从事各种活动时往往需要对这两种思维方式协同使用。由于不同的地理环境、生产方式、语言文字、文化传统等，不同的民族呈现出不同的思维特点。一般说来，中国人的思维方式具有较强的具象性，而西方人的思维方式则具有较强的辨析性。

具象思维主要是用直观具象和表象来解决问题的思维，其基本单位是表象。具象思维可以理解为主体运用表象、想象等形式，对研究对象的有关具象信息，以及贮存在大脑里的具象信息进行加工（分析、比较、整合、转化等），进而从形象上认识和把握研究对象的本质和规律，或借助于表象进行联想、想象，通过辨析概括构成一幅新具象的思维过程。

辨析思维的基本单位是概念，它是指人们在认识活动中运用概念、判断、推理等思维形式，对事物的本质属性进行分析、综合和比较，进而抽取事物的本质属性，使认识从感性认识上升到理性认识的思维过程。辨析思维是对客观现实间接的、概括的反映，概念判断和推理是其基本表现形式。辨析思维可分为经验思维和理论思维。经验思维是人们基于日常生活经验所进行的思维，而根据科学概念和理论进行的思维便是理论思维。常运用经验思维的是儿童，如"苹果是一种可以吃的果实""鸟会飞"等就属于经验思维。经验思维具有很大的局限性，常会导致片面性的结论。

有人曾做过一个有趣的实验：有三张图片，第一张是"一只熊猫"，第二张是"一只猩猩"，最后一张是"香蕉"，要求把这三张图片分成两类。得出的结果是：中国的学生多数把"猩猩"和"香蕉"分在了一起，而美国的学生多数把"熊猫"和"猩猩"分在了一起。这一实验结果也正好表明了中国人"具象感知"与以美国人为代表的西方人"辨析归类"的思维差异。

　　这种思维差异反映在中西文化的方方面面，根植于各自的民族文化土壤之中。我们当前使用的汉字是从象形文字发展而来的。五六千年前，为了便于记录和交流，人们根据事物的特征，在龟壳和兽骨上刻下了简洁的线条符号，这就是中国最早的象形文字，也就是我们熟知的甲骨文。中国的象形文字是中华民族的智慧结晶，是最形象、演变至今保存最完好的一种文字；它是我们的祖先对事物记录方式的传承，最能体现中国人的具象思维。比如：甲骨文的象形字"月"字像一弯月亮的形状；"龟"字像一只龟的侧面形状；"马"字像是一匹有马鬃、有四条腿的马的形状；"鱼"是一条有鱼头、鱼身、鱼尾的游鱼的形状；"门"字就是左右两扇门的形状；"酒"字去掉三点水是酉，形状就像是没有了酒的酒瓶；而"日"字就像一个圆形，中间有一点，很像人们在直视太阳时所看到的形态。对此，申小龙（1995）曾指出："……初民把天象和物象作为语言资料来看待。初民对世界的认知形成一个系列。天象、地貌、鸟兽的足迹、作物的生态、人身、人身以外诸物，都提供了各自的符号。"由于象形文字无法描摹某些实体事物与辨析事物，汉字逐渐发展为表意文字，增加了新的诸如会意、指事、形声、转注、假借等造字方法，但这些新的造字方法仍基于原有的象形文字，以象形文字为基础。

　　西方的文字是字母文字。字母文字表音不表形，也就是说，西方的字母文字与它们所指的事物之间没有形似的关系。以英语和俄语为例，基本上一个字母就代表一个音位，与汉字相比具有较强的辨析性。最早的字母文字是腓尼基字母。大约在公元前1000年，腓尼基人发明了腓尼基字母（共22个字母），这是人类历史上第一批字母文字，是腓尼基人对人类文化的最伟大贡献。腓尼基人是历史上一个古老的民族，其自称迦南人，生活在地中海东岸，相当于今天的黎巴嫩和叙利亚沿海一带，在那里建立了一个高度文明的古代国家。他们善于航海与经商，在全盛时期曾控制了西地中海的贸易。该地区各民族间贸易频繁，需要有一种人们交流使用起来简单方便的语言，来促进贸易的往来。这就要求语言的代表符号必须简约化，最终也走向必然的辨析化。腓尼基人借用古埃及人的象形文字，简化苏美尔人的若干楔形文字，为便于书写舍弃了旧文字中的好看字样，最终把数千个不同图像变为简单且书写便利的22个字母。这22个字母后经爱琴海传入希腊，希腊人又增添了几个字母，创造了我们所知的希腊字母，并将其传入意大利。古罗马人在此基础上改动字形，由此造出拉丁字母，随后把它们教给了欧洲人。现在，欧洲各国的拼音字母差不多都是从希腊字母和拉丁字母演变而来的。它在东方派生出阿拉美亚字母，接着演化出了印度、阿拉伯、希伯来、波斯等民族的字母。中国的维吾尔、蒙古、满文字母也是由此演化而来的。可以说，腓尼基字母是世界字母文字的始祖。

总的来说，中国的汉字和西方表音文字分别代表了中西方在造字上的不同取向。一个基于具体的物象，一个基于辨析的语音。这从根本上决定了中西方思维具象性与辨析性的不同侧重，决定了中国的语言是以"神"为主、以象取义、"以神统形"的，而西方文化是以"形"为主、"以形统神"的。

以英汉两种语言为例，这种思维差异在语言表达上主要表现为以下几个方面：第一，西方语言，尤其是英语，是以完整的主谓宾（SVO）结构作为语法构型的，语法结构清晰明确，任何有违语法结构的句子都会被认为是"病句"。纵观中国语言，迄今为止很难找到一种可以贯穿全部语言的语法构架，中国的句子是以"顿"和"声调"来断句的，例如"你来了"这三个字，可以表达四种不同的意义（陈述事实、摆出疑问、强调、失望）。再如，通过不同的断句可以产生不同的语义和效果。

下雨天留客，天留人不留！

下雨天，留客，天留，人不留！

下雨天，留客天，留人不？留！

下雨天，留客天，留人？不留？

第二，中国很早就有"万物皆备于我，万物与我唯一"的说法，以自身身体出发而产生的词语用途广泛。试比较下面三组句子：

①不入虎穴，焉得虎子。Nothing ventured, nothing gained.

②种瓜得瓜，种豆得豆。As you sow, so you'll reap.

③瓮中之鳖。To be in a place from which escape is impossible.

通过上述例子可以看出，汉语中所用的"虎穴""虎子""瓜""豆""瓮"以及"鳖"都是可以为我们感官所感知的具体事物，我们在大脑中可找到或建立对应的具象。而在对应的英语译文中，则是借助于大量无具体事物联想性的动词来阐述道理。

第三，英语用词尚"静"，汉语用词尚"动"。英语的动作意义常借助于名词、形容词、介词或副词这些静态词语来表现；相反，汉语中多使用动词，在一个句子里可以连续使用两个或两个以上的动词。例如：

Carlisle Street runs westward, across a great black bridge, down a hill and up again, by little shops and meat markets, past single-storied homes, until suddenly it stops against a wide green lawn.

卡列斯尔大街往西伸展，越过一座黑色大桥，爬下山岗又爬了上去，经过许多小铺和肉市，又经过一些平房，在一片宽阔的绿色草坪前戛然而止。

由此可见，汉语正是在一个个流动具象的过程中完成对句子意义的理解和大脑中图像的建构，这也是汉语独有的具象思维的表达。

我国的英语学习者在翻译时经常依照汉语的具象思维，根据汉语意思套用英语单词，这样就进入了翻译的误区。例如：

①身体状况良好：good body condition（误），in good shape/form（正）。

②接电话：receive the phone（误），answer the phone（正）。

③拥挤的交通：the crowded traffic（误），the busy/ heavy traffic（正）。

第四，中国文学善类比，西方文学多平实。中国的汉字特点及传统文化使中国的文学作品注重立象以表意，而西方则长于逻辑分析和思辨，其文学语言多平实。以曹植的《洛神赋》和《荷马史诗》为例，同样是描写美女，前者辞藻极尽华丽，后者只作一般性的描述。原文如下：

其形也，翩若惊鸿，婉若游龙。荣曜秋菊，华茂春松。仿佛兮若轻云之蔽月，飘摇兮若流风之回雪。远而望之，皎若太阳升朝霞；迫而察之，灼若芙蕖出渌波。

She was beautiful, ingenuous, and charming. Her legs were the best; her mouth was the cutest. There was a beauty-mark between her eyebrows.

由此例句可以看出，中国的具象思维在向英语的转化过程中，语义的流失还是十分严重的，其中流失最严重的就是"象"。中国的具象性思维还存在于日常生活的方方面面。

这种思维的差异同样体现在中西建筑风格上。中国古典建筑尤其是中国园林将后花园模拟成自然山水，用建筑和墙加以围合，内有荷花池，三五亭台，假山错落……营造出一种"虽由人作，宛自天开"的情调。西方建筑美的构形意识其实就是几何形体。雅典帕提隆神庙的外形"控制线"为两个正方形；从罗马万神庙的穹顶到地面，恰好可以嵌进一个直径43.3米的圆球；米兰大教堂的"控制线"是一个正三角形；巴黎凯旋门的立面是一个正方形，其中央拱门和"控制线"则是两个整圆。而像花草树木之类的自然物，经过人工剪修，刻意雕饰，也都呈献出整齐有序的几何图案。

思维是一个民族在长期的历史发展过程中形成的一种心理习惯，是一个民族的文化内核。尽管中西文化在具象思维与辨析思维方面呈现出倾向上的差异性，但二者并不是对立的或绝对的，而是相互渗透、相互借鉴的。

七、主观与客观

众所周知，文化与思维是息息相关的。中西方思维方式的差异在各自的文化中都能得到很好的体现。中国文化往往以人为立足之根本，而西方文化则多以物为观察之主体。中国传统哲学中"物我合一"的观点重点强调了以人为本的主观意识，追求的是物我两忘、浑然一体的境界。其特点是主体介入客体，客体融入主体，以主体意向统摄客观事物，寓事实判断于道德价值判断之中，主观能动性强，但缺乏客观科学性。这种人本文化的长期积淀，形成了汉民族主观型的思维方式。相比较而言，西方文化更加侧重于对自然客体的观察与研究。在西方人的观念中，人超然于自然界，具有绝对的支配与改造自然的力量，人的本性就是要凭借自身的智慧和科学的力量来征服自然、主宰天地。这种重视外向探索、不懈追求的精神，以及把宇宙看作人类对立面加以研究和征服的观念，逐渐形成了西方客观型的思维方式，即把客观自然界作为观察、分析、推理、研究的中心。主观与客观思维方式的不同在中西方各自的历史文化发展的过程中，在各个领域里都或多或少地得以体现。

就文学创作而言，中西方传统文学艺术在其各自的发展历程中呈现出了截然不同的走向，即中国趋向于表现型艺术，而西方则趋向于再现型艺术。中国传统文学由诗歌发端，讲究"诗言志""诗缘情"，注重以文字来传达诗人的感情，表现个体的心灵感触。而西方传统文学以宏大的史诗为开端，认为文学作品应以反应客观现实为主，再现现实生活，关注个体生存现状。这种比较基于对中西传统文学的主流取向进行比较，是中西文人普遍认同并趋向的文学创作方法与风格。其中的差异同样是中西方主观和客观思维方式不同的一种外在体现。以中西方咏秋诗歌为例，中方诗歌多以生动具象的语言来描写周围的情景，刻画诗人内心深处的情感，往往追求的是情与景的交融；而西方诗歌更加注重理性的思考，通过客观的自然现象揭示内在的人生哲理。俄国"抒情哲学家"丘特切夫在他的诗歌《秋暮》中写道：

一片枯萎疲惫，万物凋谢，柔顺的微笑，笼罩着一切——在理性生物身上，这称作，面对苦难时的崇高的羞怯。

诗人把秋天万物凋零的景象刻画成了一种具有崇高的人格、坚强的意志、乐观的心态的英雄形象。即使面对着萧瑟的秋暮，诗人依然能够在艰苦的环境里领悟到面对苦难时人们的心理状态：虽然心有忐忑，依旧能够直面苦难。相比较而言，中国诗歌重在抒情，也更加注重情景之间的关系的处理，认为情与景互为依托，是对立统一的关系。唐代诗人李商隐在《乐游原》一诗中写道：

万树鸣蝉隔岸虹，

乐游原上有西风。

羲和自趁虞泉宿，

不放斜阳更向东。

同样是写秋暮之景，李商隐的诗更加偏重诗人内心情感的抒发及心声的吐露。"鸣蝉""西风""斜阳"写尽暮秋之景；而引用"羲和"的典故则透露出了诗人的惋惜之情；太阳东升西落本是自然规律，诗人却担心羲和"不放斜阳更向东"，这明显体现出了诗人内心对于黑暗的厌恶，以及对于光明的期盼，抒情性多于哲理性。

就艺术创作而言，中西方艺术真实观的差异同样与其思维方式的不同有着密切关联。中国侧重主观写意性，尤其强调艺术自身的展演；西方艺术追求的是客观真实性，艺术自身的独立性反而常常被忽略。自柏拉图、亚里士多德确立"模仿说"以来，西方传统的艺术真实观念"模仿自然"一直占据主流地位，而中国的艺术真实观念，自先秦以来，儒、道两家就奠定了整个中国古代艺术的真实论沿着主情和表现的方向发展的基调。艺术源于现实并高于现实。在中华民族文化中大量存在的神话故事无不反映了人与自然的关系。这对中华民族的思维方式产生了极大的影响，人的主观性以及核心地位愈加突出，"天人合一"的宇宙观和自然观逐渐演化成了中华民族独特的主观思维模式，即写意性的思维方式。在创作的时候，艺术家往往采取"观物取象""得意忘形"的方式，而非完全忠实地反映自然和受制于自然。单从绘画艺术的角度来看，潘天寿先生就曾说过："东方绘画之基础，在哲理；西方绘画之基础，在科学；根本处相反之方向，而各有其极则。"中国自古就有"天人合一"的思想，讲究"情景交融"，自然物象都具有和人一样的生命和情感。所以中国画家都是以"万物皆备于我"的眼光去看待自然界的山山水水，从而达到以大观小、与物推移的境界。中国画的构图同样具有浪漫主义色彩，并不局限于时空的限制，自然融合了诗歌、书法等因素，最终形成了"诗书画印"的完美体系，体现出了画家高雅的志趣和追求。

而西方艺术家则更倾向于采用科学的态度来作画，其绘画的表现方法和最终追求是真实感，是"再现自然""再现生活"。中国画家则对画面的开合、虚实、意象更加在意，在绘画过程中往往更加强调人的主观意识和内心情感的呈现；与此不同的是，西方艺术家坚信唯有真实才具备打动人的因素，其构图方式则深受几何性原则与西方客观理性思维的影响。

就翻译工作而言，中西方思维方式存在极大的差异，要想将原文的主要内容、风格，以及思想情感忠实地表现出来，除了要重视词汇、语法、结构上的变化外，还要处理好中西方主客观思维方式的转化，使译文更加接近"信达雅"的标准。中华传统文化坚持以人为本的人文精神，在创作的时候多以人做主语；而且当人称主语不言而喻的时候，又常常会将人称主语省略。这与西方国家客观的行文风格有很大不同。在对于人的感觉意识的表达上，非生物名词做主语的表达方式就很好地体现了西方国家思维的客观性。以英汉翻译为例，在英译汉的时候，英语 it 与汉语主语之间可以相互转化：It never entered into his head to suppose that Emmy should think anybody else the purchaser. 他（都宾）也没有想到艾米会以为钢琴是别人买的。

这个句子是由 it 做形式主语而展开的，很符合英语国家的表达习惯。然而在翻译成汉语的时候，就应该从汉语的主观思维角度出发，以人为本，用人来作为主语，否则就不符合中国人的写作方式和阅读习惯。而在汉译英的时候，对于汉语的陈述句、无主句和省略句的处理和翻译，则需要根据西方客观理性的行文风格来进行。例如：

①搞得我心乱如麻。

It made me upset.

②我突然有了个主意。

An idea suddenly occurred to me.

③看到这个可怜的孩子，他想到了自己的童年。

The sight of the poor little boy reminded him of his childhood.

英语句子中的主语一般都不能省略，而且主语多是无生命事物，这与汉语有很大区别，在翻译的时候要注意思维角度的变化，以便做出相应的调整。

中西方主客观思维方式的差异在各自经济、政治、文化、生活等诸多方面都有所体现，这是多元文化存在造成的，更是历史发展的必然。

深入了解思维的差异能让我们明确自己的定位，从而理智客观地面对外来文化。季羡林说："东方的思维方式是综合性的，西方的思维方式是分析型的。"语言是思维的反应，思维又是文化的反应，语言也是文化的反应。在翻译实践中，不同的文化会影响语言表达，翻译的版本也会大不相同，所以要求译者有较深厚的文化底蕴，了解双方国家的文化，能够充分吸收和消化原本的知识和文化内涵。当我们说到思维方式的时候，不同的思维方式会对我们的语言产生巨大的影响。译者要懂得双方国家的思维方式差异，尝试理解并感受不同文化的内涵，并了解时代背景，这样才能使翻译出来的作品更符合规范，使读者能更了解不同的文化及作品。

译者在翻译时也要明确自己肯定会受汉语思维方式的影响，首先要了解思维差异产生的原因，多学习各种文化，了解各种背景知识和文化知识。文化的不同会导致思维方式的不同。译者要学习双方文化，从而了解中英思维差异。

读书可以培养语感，大量的阅读可以变成习惯。通过书籍可以学习英语的思维方式，培养分析能力，提高主客观意识，增强逻辑概念，坚实翻译基础。

多练习，多进行翻译实践。英语学习或多或少都有汉语思维来参与，为了避免中式英语，学习者可以反复练习、实践，在实践中找到自己的错误和翻译的缺点并加以改进。在日常学习的过程中了解语篇结构，了解英汉语篇结构的区别以及想要表达的信息点，转换成思维模式进行翻译练习。多练习语句结构的翻译，充分了解不同文化语句结构的特点，从而达到用英语思维模式去翻译的目的。

第四章　英汉节日、典故的文化与翻译

　　民俗文化作为文化的一个重要组成部分，是一个民族历史文化的长期积淀，是随着人类社会的进步而逐渐形成和发展的。节日文化与婚丧文化的由来与人们的生活密切相关。英汉文化不同，节日文化与婚丧文化自然也不相同。典故文化是民族语言智慧的结晶，折射着流光溢彩的民族历史。

第一节　英汉节日文化与翻译

　　当人类进入文明社会以后，逐渐出现了一些庆祝活动，这些庆祝活动经过发展就成了一种固定的行为，进而演变为节日。作为文化的一个重要组成部分，不同民族具有不同的节日文化。本节针对节日文化的不同，对英汉翻译展开分析。

一、英汉节日文化对比

英语国家的宗教性色彩比较浓厚，很多节日的形成与宗教有着极为密切的关系。例如 1 月的主显节、2 月的情人节、4 月的复活节、12 月的圣诞节等，这些节日的产生都与宗教有关。与英语国家的节日不同，中国的节日的产生与时令、节气密切相关。早在我国的春秋战国时期，一年就已经划分出二十四个节气了，这为以后传统节日的形成奠定了基础。中国大部分节日的由来都与节气有关，这是因为中国是典型的农业文明国家。

二、英汉重要节日对比

（一）圣诞节与春节

春节与圣诞节分别是中西方最重要的传统节日，二者都凸显了家庭的大团圆，人们在节日中享受欢乐、祥和的氛围。

在英语国家中，圣诞节是所有节日活动中最为隆重的一个。在美国，很多人从 Christmas Eve（平安夜）就开始准备圣诞节，一直持续到 1 月 6 日的 Epiphany（主显节），这段时间则被称为 Christmas Tide（圣诞节节期）。在英国，自 12 月 25 日圣诞节过后，人们还会继续欢宴 12 天，这一阶段被人们称为 Yuletide（圣诞季节）。在这段时间内，人们只是休息、娱乐，不需要工作，直到 1 月 7 日的 St. Distaff's Day（圣迪斯塔夫日）结束后，人们才开始真正走出节日氛围，重新开始工作。可见，圣诞节被西方国家的很多人看重，人们将它与新年连在一起庆祝，并且庆祝的方式十分隆重，重视程度大大超过了新年，从而成为一个全民的节日。西方人在过圣诞节时也十分重视家人团聚，他们通常会一家人围坐在圣诞树下，共同享受美食、齐唱圣诞歌，祈求明年幸福、健康。

根据我国农历的日期来看，春节指的是正月初一这一天，是新的一年的开始。现在的春节一般指的是除夕与正月初一，不过在民间的春节时间要长得多，传统意义上的春节从腊月初八开始一直持续到正月十五，其中节日的高潮部分就是除夕与正月初一。春节时，在外的游子都要回家与家人团聚，在除夕夜吃团圆饭。而在春节期间，人们通常都会说一些吉利话，如"恭喜发财""幸福安康""平安快乐"等。从除夕到正月十五，人们都沉浸在节日的气氛中，并且会参加各种各样的庆祝活动，如舞狮子、演社火、耍龙灯、赏灯会等。

（二）情人节与七夕节

情人节与七夕节都是恋人表达情感的节日，二者都源自美丽且伤感的爱情故事。

相传在公元3世纪的古罗马时期，各个部落之间战争不断，当时的君主是克劳多斯，在位期间穷兵黩武，是历史上有名的一位暴君。为了在战争中取胜，他大肆征兵，强制命令很多青壮年入伍。人们对他怨恨至极，因为父母不想让自己的儿子成为战争的牺牲品，而年轻人更不想跟自己的恋人分离。面对这一状况，克劳多斯非常愤怒，于是又一次下令年轻人不得娶妻结婚，即便已经有了婚约也要解除。

当时神庙的一名叫瓦伦丁的修士对克劳多斯的残暴统治感到痛心，更为广大的年轻人难过。当一对青年伴侣偷偷地来到神庙并请求他为他们举行婚礼时，他立刻就答应了。随后，瓦伦丁在神圣的祭坛为情侣举行婚礼这个消息不胫而走，于是更多的年轻恋人来到了神庙，在瓦伦丁的帮助下结成了夫妻。但不幸的是，没过多久这件事就被暴君克劳多斯得知，他马上命人将瓦伦丁抓走，投进了监狱。在监狱中，瓦伦丁在偶然的情况下认识了典狱长的女儿，二人暗生情愫。尽管有很多老百姓为瓦伦丁鸣不平，但依然无法改变暴君的命令。最后瓦伦丁被处死，这一天为2月14日。在被处死之前，瓦伦丁给典狱长的女儿写了一封信，表达了自己对她的爱慕之情。

后来，人们为了纪念瓦伦丁所做出的牺牲，便将2月14日定为情人节。在每年的这一天，年轻人都会对自己心仪的人表达爱慕之情，恋人们也会互送礼物来增进感情，更有浪漫者会在这一天向自己的恋人求婚。

七夕节来源于中国古代的一个爱情故事：牛郎是一个老实、忠厚的小伙子，他的父母在他很小的时候就去世了，牛郎是跟随着哥嫂长大的。心地单纯、善良的牛郎从小到大受尽了哥嫂的欺凌与虐待，哥嫂霸占了父母留下的全部家产，把弱小的牛郎赶到牛圈，与一头老牛相伴。这头老牛原本是天上的灰牛大仙，由于触犯天规，激怒了玉帝而被贬到人间。有一天，老牛突然开口对牛郎说话了，跟他说如果想娶天上的仙女为妻，就第二天去河边等待，并且不能让人看到。牛郎虽然半信半疑，但仍然照着老牛的话去做了。到了第二天，美丽的仙女们从天上飞下来，看到河水清澈干净，于是下河沐浴。躲在一旁的牛郎看到这么多美丽的仙女不禁喜出望外，于是偷偷地把一位仙女的衣裳拿走了。

待仙女们沐浴完后，一个个穿好衣裳飞走了，唯独其中的一个仙女找不到自己的衣裳，这就是玉帝最小的女儿——织女。牛郎、织女就此相识。织女爱慕牛郎的忠厚，遂与他结为夫妻。

二人相亲相爱，生下了一儿一女，过着幸福、美满的生活。老牛日渐衰老，在临死时叮嘱牛郎要将它的牛皮留下，将来遇到危难时可为他们提供帮助。好景不长，织女私自下凡并与凡人婚配的事最终还是被天上的玉帝和王母娘娘得知，他们勃然大怒，并且由王母娘娘亲自下凡将织女抓了回去。牛郎回家看不到织女，后得知被王母娘娘抓去，情急之下想到了老牛临死的遗言，于是急忙披上牛皮，用担子担着一对儿女去追。眼看就要追上时，王母从头上拔下一根金簪向身后一挥，一道银河出现了，可怜的牛郎无法飞过这道银河，只好与织女隔河相望、对目而泣。人间的喜鹊被牛郎、织女忠贞的爱情故事所感动，就在每年农历的七月初七飞到天上，为他们搭建一座鹊桥，让二人在桥上相会。王母娘娘知道此事后也无可奈何，于是就默许他们每年七月初七相会于鹊桥。

三、英汉节日习语对比

（一）英语节日习语

1. 万圣节的节日习语

万圣节是西方十分重要的节日之一，该节日最早起源于苏格兰、爱尔兰地区，当时的部落群体被称为赛尔特族人。那时候的人们十分害怕 10 月 31 日这一天，尤其是当天夜晚。在人们眼中，10 月 31 日是一年的结束，同时意味着新年的来临。当时的部落群体为了感谢太阳神对他们的眷顾，为他们带来丰厚的食物以度过寒冷的冬季，就在这一天举行祭祀仪式。当时的人们认为，10 月 31 日晚上是恶灵势力最强大的时刻，举行祭祀正好可以安抚掌管生死的众位神灵。赛尔特族人认为恶灵会带来霉运，因而这天晚上任何人都会躲在家里不出门。如果一定要出门，就会戴上一个特别丑陋的面具，目的是将恶灵吓跑而不纠缠自己。另外，他们还认为万圣节前恶灵会聚集在住所的门口，等待时机伤害人类和其他动物。为了避免这种状况的发生，人们会在自己的房前屋后摆放一些食物与水果来喂饱恶灵。到后来基督教出现之后，人们将这一天称为万圣节，用来纪念为主殉道的众圣徒们。经过一定的历史演变之后，到现代万圣节已经成为孩子们穿上各种各样、奇形怪状的衣服来吓唬邻居并讨要食物的节日。万圣节悠久的演变历史形成了很多习语。例如：

（1）trick or treat（捉弄或款待）。当万圣节的夜晚来临后，各家各户的孩子们就会穿上千奇百怪的衣服变身成妖魔鬼怪，然后成群结队地来到邻居家的门前，大声叫喊着"trick or treat（要恶作剧还是给款待）"。邻居听到孩子们的叫喊往往会打开门拿出糖果类的食物或一些小礼物送给他们。如果孩子们既得不到礼物也没有吃的，那么他们就会对这家人开始他们的恶作剧，如将肥皂涂在门把手上，将这家人所养的猫涂得五颜六色等。这些恶作剧令大人们哭笑不得。

（2）thump-the-door night（捶门之夜）。与上述地区不同，在英国马恩岛地区，孩子们会在万圣节晚上拿着各种蔬菜，如西红柿、白菜、萝卜、土豆等扔向邻居的大门，目的是让邻居们开门送给他们礼物或是食物。在这一地区，万圣节的这天晚上又被人们称为"thump-the-door night（捶门之夜）"。

（3）Jack-O'-Lantern（杰克灯；南瓜灯）。"杰克灯"是用南瓜制成的。在美国，当万圣节的夜晚来临时，人们会将大小如人头的南瓜从里面掏空，然后在表皮上挖出眼睛、鼻子、嘴巴，类似于人的脸，接着再将燃着的蜡烛放进南瓜中，这样"杰克灯"就做好了。烛光从挖成的人的五官中投射出来，从远处看散发着原始人野蛮的相貌。该习语源自古爱尔兰地区的一个传说。此外，南瓜灯的另外一个用途是用来驱散妖魔鬼怪。

2. 愚人节的习语

在西方国家，愚人节（April Fool's Day）又被称为"万愚节"，该节日最初起源于法国地区。1654年，查理九世当选为法国的国王，他即位后决定采用格力高历法，即以1月1日作为每一年的开始，废除以4月1日为新年开端的历法。然而在执行这一政策的过程中，很多地区的顽固分子拒绝使用新历法，仍然使用旧历法。在4月1日这一天，这些人不仅互赠新年礼物，而且大张旗鼓地组织新年的庆祝活动，公然违抗查理九世的新政策。他们这些过激的行为大大激怒了使用新历法的人，为了嘲弄这些顽固分子，拥护新历法的人就在4月1日给顽固分子赠送假礼物，邀请他们参加假的庆祝活动，并将这些受到愚弄的人称为April Fool（四月傻瓜）。随后，这两个派别的人就在这一天互相愚弄，假以时日就作为一种风俗被保留了下来。18世纪以后，这一节日流传到了英美地区。这里需要提及的一点是，现代人们所过的愚人节与以往大不相同，现在主要是以快乐、轻松为目的。与愚人节相关的习语有很多。例如：

noodle　傻瓜，笨蛋（该习语常见于英格兰地区，指的是被捉弄的人）

fool's errands　愚人节时给傻瓜的差事（后引申为徒劳无功的工作）

April Gawk　呆子（常见于苏格兰地区）

Taily Day　愚人节之后的第二天（苏格兰地区）

April, you may send a fool with your will.

四月一日愚人节，由你愚弄由你谑。

On the first of the April, hunt the gawk another mile.

四月一日猎布谷，猎过一山又一谷。

3. 复活节的习语

在西方国家，Easter（复活节）最初源自 Eostre（苏醒节）。在当时的盎格鲁—撒克逊人眼中，Eostre 一词的含义是"春天""太阳女神"。在北欧地区的很多民族，他们在每年春天举行庆祝活动，以表示大地回春、万物苏醒。《圣经》中记载着这样一个故事：耶稣被基督教徒犹大出卖之后，最终在星期五这一天被钉死在十字架上。夜晚来临之前，基督教的很多门徒便将耶稣的尸体安葬在一处墓穴中。两天过后，即星期日这一天，当众门徒再次来到耶稣的墓穴处时，发现他已经复活了。通常人们会在春天月圆后的第一个礼拜日庆祝复活节，但如果月圆之时正好是一个礼拜天，那么人们的庆祝活动就要推迟一周，故这一节日就有可能从 3 月 22 日一直持续到 4 月 25 日。

与复活节相关的习语有很多，以下列举几个比较典型的习语。

（1）Mardi Gras（盛大的礼拜二）。Mardi 一词最初源自古罗马，在古罗马语言中，Dies Martis 的含义是"礼拜二"，这一天属于罗马战神 Mars（火星），而这一词在法语中就写作 Mardi。Gras 一词的含义是"盛大的，辉煌的"，Mardi Gras 的意思就是"盛大的礼拜二"。在美国地区，Mardi Gras 是一个盛大的狂欢节盛会，在每年四旬斋（复活节前的 40 天斋戒）前的第一个星期二，新奥尔良地区都会举行盛大的狂欢盛会，有数以百万计的人参加。在美国，人们通常会在狂欢节的前两周就开始各种准备活动，星期二那天则到达狂欢的高潮。

（2）lent（四旬斋）。这一节日主要是用来纪念耶稣在荒野禁食，是基督徒视之为禁食和为复活节做准备而忏悔的季节。lent 意为"四旬斋"，一般发生在复活节庆祝活动之前。基督徒认为，世界上的任何一个人都应该为复活，即自己生命的更新做好准备。该节日从 Holy/Ash Wednesday（圣灰礼拜三）开始，一直持续到复活节刚好是 40 天，其中不包括星期天在内，是人们进行自我反省、悔过的日子。

（3）Holy week（圣周）。四旬斋的最后一周被人们称为 Holy week，也就是耶稣在世的最后一周。在这一周中，人们每天都会手持装扮得富丽堂皇的基督教诸位神的画像从教堂内走出来，然后加入游行的队伍里，一直走到市中心的广场上接受主的赐福。圣周这一形式主要是用来纪念耶稣被钉死在十字架上以及之前各阶段的事件。

（4）Palm Sunday（圣枝主日）。在西方国家，Palm Sunday 指的是圣枝主日，其全名是"主受难圣枝主日"，具体时间是圣周的第一天。根据《圣经·新约》中的记载，耶稣知道自己的大难即将来临，就带领自己的门徒最后一次进入耶路撒冷。在途中，他们在橄榄山附近的一个名叫伯大尼村的地方休息。

当时，耶稣派两个门徒去山对面的白法热村，"你们到村里后找到一头从来没有人骑过的驴子牵回来。如果村里的人问，你们就说"主要用它"。这两个门徒到白法热村后果然找到了一头从未有人骑过的驴子，便准备解开绳子牵走，这时有人走过来问他们要做什么。其中一个门徒就说"主要用它"。村里的人不再阻止，两个门徒就将驴子牵走了。见到耶稣后，门徒将自己的衣服脱下来放到驴背上让耶稣坐在上面。随后，耶稣在众门徒的拥簇下进入耶路撒冷。

在路上，很多人看到耶稣后便加入这个队伍。有的人将自己的衣服脱下来铺到地面上，有的人将砍下来的橄榄枝、棕榈枝拿在手上或铺到路面上来表示对耶稣的敬仰。后来，教堂为了纪念这件事情，就规定在复活节前一周的礼拜日举行圣枝主日纪念活动。在这一天，教徒们会用橄榄枝或棕榈枝装饰教堂，有的教徒还会手持棕榈枝绕教堂走一圈，以此纪念当年教徒随耶稣进入耶路撒冷。

（5）Easter Triduum（神圣三日庆典）。纪念耶稣受难、安葬和复活的节日，现在被人们称为逾越节三日庆典。三日庆典即星期四、星期五、星期六三天。这一节日从复活节前的星期四晚餐的弥撒开始，一直持续到复活主日晚祷结束。该节日的高峰是圣周六晚间的守夜礼，即复活节前夕。

（6）Holy / Ash Wednesday（圣灰星期三）。在这一天，西方国家的所有教堂都会举行擦圣灰礼，即在教徒的头上、身上撒灰。该仪式不仅象征着对忏悔者的救赎，同时象征着人类生命的脆弱与短暂。《旧约》中记载，人们在这一天会穿上粗布服装并撒灰来表示自己的忏悔之意。在仪式中使用的圣灰来自上一年圣枝主日所用的圣枝。此外，在撒灰的过程中，主礼还会念一段传统的经文：

Remember that thou hast glade me of clay: and will thou turn me to dust again.

人哪，你要记住，你原来是灰土，将来仍要归于灰土。

（7）Holy Thursday（圣周礼拜四）。"圣周礼拜四"是逾越节三日庆典的开始，主要为了纪念耶稣最后的晚餐。耶稣在最后的晚餐时会给自己的众门徒讲话，提醒他们要热爱上帝、恪守圣戒，并为门徒洗足。因此，这一天也被称为Maundy Thursday（濯足节）。晚间会举行圣周四弥撒，即主的晚餐弥撒。人们通常采取游行、祈祷或修行活动等方式进行庆祝。

（8）Good Friday（圣周五）。据《新约》记载，耶稣在 4 月 7 日也就是礼拜五那一天被钉死在十字架上，信徒们就在这一天举行哀悼仪式，并把这一天称为 Good Friday（"圣周五"或"耶稣受难日"）。这一天是圣周中最庄严的一天，教堂礼拜从中午一直持续到下午三点，以斋戒祈祷纪念耶稣之死，祭台在这一天和次日空着，无任何装饰，教堂也不举行弥撒。

（9）Holy Saturday（圣周六）。这是为了纪念耶稣安息于坟墓中而设立的。在这一天，一些教堂会通过在复活节守夜礼（Easter Vigil）和点燃复活节蜡烛来纪念耶稣。也因为该仪式，圣周六的晚上也被称为 night of illumination（光明之夜）。人们在这一天严格地守斋禁食，准备复活节的庆典。

（二）汉语节日习语

1. 春节的习语

春节是中华民族传统节日中最重要的一个节日，人们在该节日会举行隆重的庆祝活动。经过历史的演变，由该节日演变出了很多习语。例如：

一年之计在于春

迎春接福，开门大吉

大年三十打浆糊——贴门对

豆腐渣贴门联——粘不到一块

爆竹店失火——自己恭贺自己

打一千，骂一万，全靠三十晚上一顿饭

大年初一吃饺子——没外人

额头上放爆竹——响头

哑巴拜年——只作揖，不说话

反贴门神——不对脸

大年初一起五更，大年初二日头红

2. 元宵节的习语

正月是农历的元月，古人称夜为"宵"，所以称正月十五为元宵节。与元宵节相关的习语如下：

上灯汤圆落灯糕

一年一度元宵明

正月里，正月正，正月十五闹花灯

三十的火，月半（十五）的灯

吃了月半饭（指正月十五），大家把事干

只许州官放火，不许百姓点灯

十五过元宵，十六闹花灯

正月十五放起火——一冒九丈高

星月当空万烛烧，人间天上两元宵

上灯元宵，落灯面，吃了以后望明年

3. 清明节习语

清明节又称"扫坟节""鬼节""冥节"，与七月十五"中元节"及十月十五"下元节"合称"三冥节"，都与祭祀鬼神有关。与清明节相关的习语如下所述：

清明扫墓，重九登高

清明不戴柳，红颜成皓首

取柳枝著户上，百鬼不入家

清明到，儿尽孝

前七后八，阴司放假

檐前插柳青，农夫体望晴

植树造林，莫过清明

清明前后，种瓜点豆

柳条青，雨蒙蒙；柳条干，晴了天

4.端午节习语

端午节又称"午日节""天中节"等，"五"与"午"通，"五"又为阳数，故端午又名"端五、重五、端阳、中天"等。与端午节相关的习语如下所述：

五月五日，蓄兰而沐

端午佳节，菖蒲插壁

五月初五过端阳，吃罢粽子忙插秧

清明插柳，端午插艾

端午节，划龙船，挂蒲挂艾在屋檐

情愿虚做一年田，不愿虚划一年船

5.中秋节的习语

中秋节秋高气爽、明月当空，除赏月外还有吃月饼的习俗。与中秋节相关的习语如下：

中秋夜迎寒

中秋献良裘

秋分夕月（拜月）

嫦娥奔月

吴刚伐桂

玉兔捣药

月半十六正团圆

男不拜月，女不祭灶

月到中秋分外明

一年明月今宵多

八月十五月儿圆，西瓜月饼供神前

四、英汉节日文化的翻译

（一）英汉节日名称的翻译

由于英汉节日文化的差异，译者在翻译英汉节日名称时通常会使用直译法。不过当采用直译法不能完全令目的语读者理解该节日时，就需要根据该节日的文化内涵灵活采用翻译方法进行翻译。

如前所述，西方节日多与宗教文化相关，带有浓厚的宗教色彩，因此在翻译时可以采取直译法，确保宗教信息的准确传达。例如：

Valentine's Day　圣瓦伦丁节（情人节）

April Fool's Day　愚人节

Easter Day　复活节（基督教徒庆祝耶稣复活）

Thanksgiving Day　感恩节

Hallowmas Festival　万圣节

Christmas Festival　圣诞节（耶稣诞辰日）

（二）中国节日名称的翻译

1. 直译法

对于一些英汉语言中有对应表达的节日，可以采用直译的方法进行翻译。例如：

春节　The Spring Festival

中秋节　Mid–autumn Festival

冬至　Winter Solstice Day

上述三个节日名称的翻译采用的都是直译的方法。

2. "音译 + 直译" 法

在翻译中国的节日名称时，注重的是节日中所带有的文化信息。对于一些含有中国文化信息的节日名称，可以采用 "音译 + 直译" 的方法进行翻译。例如：

元宵节　the Yuanxiao Festival

清明节　the Qingming Festival

中元节　the Zhongyuan Festival

上述中国节日即采用了"音译 + 直译"的方法,保留了 Yuanxiao、Qingming、Zhongyuan 这些具有中华传统文化色彩的词。

3. 意译法

中国有些节日在翻译时可以采用意译法进行翻译,仍然以元宵节、清明节两个节日的翻译为例。人们在元宵节会进行"闹花灯"的活动,因而可以将其意译为 The Lantern Festival,如此翻译可有效突出该节日的文化特色。对于清明节而言,人们在此节日中主要会进行扫墓、祭祖的习俗活动,因而可以意译为 The Tomb-sweeping Day,如此就可以体现出该节日的文化内涵。再如:

端午节　Dragon Boat Festival

七夕节　Double Seventh Festival

重阳节　Double Ninth Festival

中元节　Ghosts Festival

五、英汉节日习语的翻译

（一）英语节日习语的汉译

对于英语习语的汉译而言,可采用直译、意译、套译、释义等方法进行翻译。例如:

talk turkey　直截了当地说；谈论正经事（释义法）

cold turkey　突然放弃（意译法）

as poor as Job's turkey　一贫如洗（意译法）

red as a turkey cock　气得满脸通红（意译法）

swell like a turkey　气势汹汹地发作（意译法）

freckled as a turkey egg　满脸雀斑（意译法）

worth a fig　一文不值（意译法）

fig leaf　遮羞布；无法掩饰的事情（意译法）

from egg to apple　自始至终（意译法）

nest egg　为养老、应变等用的储蓄金（意译法）

have eggs on the spit　忙得不可开交（意译法）

He loses nothing that loses no God.

有上帝就有一切。（直译法）

Man proposes, God disposes.

谋事在人，成事在天。（直译法）

God helps those who help themselves.

自助者天助。（直译法）

The danger past and God forgotten.

过河拆桥。（套译法）

The pumpkin has not turned into a coach.

南瓜未变成马车；许愿已落空。（"直译＋释义"法）

（二）汉语节日习语的英译

汉语节日习语在英译过程中大多采用意译、套译、释义等方法。因为汉语节日习语大多含有十分丰富的文化内涵，如果采用直译将无法表达出其中所蕴含的深层文化信息，目的语读者也不能对译文有彻底的了解。例如：

一鸟在手胜过二鸟在林。（宁收当年麦，不收来年秋。）

A bird in the hand is worth two in the bush.

瑞雪兆丰年。

Timely snow foretells a bumper harvest.

今年雪不断，明年吃白面。

Snow keeps falling this winter and white noodles will be eaten next year.

种麦到立冬，来年收把种。

When wheat is planted to the beginning of winter, it will be harvested and planted next year.

谷雨栽早秧，季节正相当。

The season of early seedling planting in grain rain is just the same.

清明难得晴，谷雨难得阴。

Clear sunshine is seldom seen in the morning, but cloudy rain is seldom seen in the valley.

清明要明，谷雨要雨。

Tomb–sweeping should be bright, and rain should be in the valley.

惊蛰地气通。

Insectly breathless.

上述几个例子在翻译时同样采用了意译的方法。

第二节　中西典故文化差异

中西方文化具有较大的差异，典故文化上就是一个明显的例子，典故是文化的精华，是智慧的结晶。在汉语和英语中都有大量的口头流传和文字记载下来的典故。运用典故可以润饰语言，还可以使人们更易于沟通思想。

一、汉语典故的来源

（一）古典文献

在汉语中，有些典故是从古典文献（包括史学、哲学、文学书籍与作品）中的经典名言名句里抽取、提炼、演化而来的，是人们为了方便使用而概括出来的。例如：

"鞭长莫及"比喻力量还达不到。这一典故出自《左传·宣公十五年》："虽鞭之长，不及马腹。"

"名落孙山"出自宋代范公偁《过庭录》，宋朝孙山考中了末一名，有人向他打听自己的儿子是否考中，孙山便回答道："解名尽处是孙山，贤郎更在孙山外。"用以婉言应考未中。

"倾国倾城"出自《汉书·外戚传》："一顾倾人城，再顾倾人国。"喻指女子容貌美艳非凡。

"逃之夭夭"出自《诗经·周南·桃夭》："桃之夭夭，灼灼其华。"原本是形容桃树枝叶繁茂，由于"桃"与"逃"同音，后来人们用这一典故喻指逃跑、溜走，是一种诙谐的说法。

"兔死狗烹"出自《史记·越王勾践世家》，"范蠡遂去，自齐遗大夫种书曰：'蜚鸟尽，良弓藏；狡兔死，走狗烹。'越王为人长颈鸟喙，可与共患难，不可与共乐。子何不去？"比喻事情成功之后，把有功的人抛弃或杀掉。多指统治者在成功后杀掉功臣。

"皮之不存，毛将焉附"喻指事物没有基础就不能存在。这一典故出自《左传·僖公十四年》："皮之不存，毛将安傅？"

（二）寓言故事

寓言指用假托的故事或自然物的拟人手法来说明某个道理或教训的文学作品，常常带有讽刺或劝诫的性质。汉语中的寓言故事大多来自古代典籍，尤其是先秦时期。如"守株待兔""刻舟求剑""画蛇添足"等，这些寓言故事优美，至今仍然能给人们以艺术审美的愉悦和享受。

（三）神话传说

中国神话传说源远流长，这也使汉语中有很多来源于神话故事的典故。例如：

"点铁成金"来源于古代神话故事，说的是仙人可以用法术将铁（也有的说是"石"）变成金子，如《列仙传》就谈到许逊能点石成金。后来，"点石成金"除了本意，还引申出了比喻义，比喻把不好的诗文改好。

"伯牙绝弦"喻指知音难遇。据《列子·汤问》记载，伯牙是古代一位善于弹琴的乐者，而钟子期善解琴音，是伯牙的知音。在钟子期死后，伯牙认为再没有人能像钟子期那样懂得他的音乐，因此破琴绝弦，终身不再弹琴。

"画龙点睛"喻指在作文或言谈时，在关键之处加上精辟的词句点明要旨，从而使之更加精辟传神、生动有力。根据唐朝张彦远《历代名画记》记载，传说梁代张僧繇在金陵安乐寺壁上画了四条龙，却不给龙点眼睛，说如果点了眼睛，龙就会飞走了。别人不相信，偏叫他点上。结果，张僧繇刚给其中两条点上眼睛，便雷声大作，震破墙壁，这两条龙乘云飞上天，只剩下没点上眼睛的两条龙。

（四）历史事件

在汉语中，有大量反映历史事件、历史故事的典故。例如：

"纸上谈兵"喻指不切实际的空谈。该典故出自《史记·廉颇蔺相如列传》，战国时赵国的赵括从小善于谈论兵法，因此赵王用他代廉颇为将。结果长平一战，赵军亡四十五万。

"乐不思蜀"喻指乐而忘返，用于贬义时则指贪图享乐而忘记自己的家乡与职责。根据《三国志·蜀志·后主传》记载，三国时期，蜀汉亡国后，后主刘禅被安置于魏国的都城洛阳。有一天，司马文王（昭）问刘禅是否想念西蜀，刘禅回答道："此间乐，不思蜀"。

"赔了夫人又折兵"用来比喻想占便宜，没占到便宜，反而遭受损失。根据《三国演义》记载，周瑜出谋划策，把孙权的妹妹许配给刘备，准备在刘备到东吴成婚时乘机扣留以夺回荆州，结果刘备成婚后带着新婚夫人逃出东吴，周瑜带兵追赶，又被诸葛亮的伏兵打败。人们讥笑周瑜"赔了夫人又折兵"。

"毛遂自荐"喻指自告奋勇，自己推荐自己担任某项工作。典故出自史书《史记·平原君虞卿列传》：战国时期，秦军围攻赵国都城邯郸，平原君奉命去楚国求救，其门下食客毛遂自动请求与平原君一同前去。到了楚国以后，平原君跟楚王谈了一上午都没有结果，毛遂因此挺身而出向楚王陈述利害，楚王才派兵去救赵国。

（五）风俗习惯

风俗习惯是社会上长期形成的风尚、礼节，是社会文化的重要部分。在汉语中，很有多典故都与中国的社会礼仪、民间习俗、生活习惯有关。例如：

"下马威"这一典故与中国古代官场的惯例有关。在中国古代的封建社会，新官上任后为了显示自己的威风，常处罚一批官吏，以收到敲山震虎的效果。后用"下马威"来喻指向对方示威。

"半斤八两"源自中国习惯于使用的"斤"这一计算单位，秦始皇制定统一度量衡之后，一斤是 16 两，半斤就是 8 两。因此这个成语比喻彼此一样，不相上下。

"民以食为天"指的是以粮食为生存的根本。这是由于长期的生产、生活使中国人深刻地意识到粮食对人类生存而言至关重要。现代的餐饮业又赋予该典故另一种新意——享受美食乃人生首要乐事。

二、英语典故的来源

英语中的典故主要有以下几种来源。

（一）文学作品

英语中有相当一部分典故出自一些著名作家的作品。例如，Odyssey 喻指"磨难重重的旅程"或"艰难的历程"。《奥德赛》与《伊利亚特》合称为古希腊的两大史诗，相传为荷马所作。《奥德赛》描述了希腊神话英雄 Odysseus 在特洛伊战争中以"特洛伊木马"攻破特洛伊城后，在海上漂流 10 年，战胜独眼巨神，制服了女巫，经历了种种艰险，终于回到了自己的国家，夫妻团圆。后来用 Odyssey 一词喻指"磨难重重的旅程"或"艰难的历程"。

英语的典故有很多来自莎士比亚的作品。例如：

caviar to the general 出自莎士比亚的著名悲剧《哈姆雷特》中的第二幕第二场，用以喻指"阳春白雪，曲高和寡"。

"All that glisters/glitters is not gold." 由莎士比亚喜剧《威尼斯商人》中的一句话稍做改动而得来的，表示外表漂亮的东西不一定都是好的。

"Some men are born great, some achieve greatness, and some have greatness thrust upon them." 出自莎士比亚的喜剧《第十二夜》，喻指人生的富贵、功名等的获取各有各的道。

（二）寓言故事

在英语中，也有很多典故出自寓言故事。例如：

a wolf in sheep's clothing（披着羊皮的狼）喻指"貌善心毒的人""口蜜腹剑的人"。

borrowed plumes（借来的羽毛）喻指"靠别人得来的声望"。

Don't count one's chickens before they are hatched.（鸡蛋还未孵，先别数鸡雏）喻指"不要过早盲目乐观"。

（三）神话传说

英语中的很多典故都出自神话传说。例如：

Mercury fig 喻指"获得的第一批成果"。墨丘利是宙斯和迈亚的儿子，他行走如飞，精力充沛，多才多艺，掌握商业、交通、畜牧、竞技、演说等。传说罗马人把无花果树上结出的第一批果实送给墨丘利，后来 Mercury fig（墨丘利的无花果）被用来比喻"获得的第一批成果"。

(the) wheel of fortune 出自古罗马传说：命运之神福尔图娜手中有一金轮，此轮旋转一下便可指出一个人的运气，又由于此轮停止的方位不同，所显示的人的命运就不同，所以该典故也指命运的变化。

（四）历史事件

英国虽然也是一个历史悠久的国家，但是反映本民族故事的历史典故并不太多。英语中这类典故主要来源于欧洲众多国家的历史事件。例如：

Gold Rush（淘金热）喻指做某事的热潮。这一典故原意是指美国历史上西部淘金时期的高峰期。

Fifth Column（第五纵队）喻指打入敌人内部、进行暗中破坏和里应外合的间谍或内奸。该典故源自西班牙内战，当时佛朗哥的莫拉将军声称，他有四支纵队从四面八方保卫马德里，而"第五纵队"则在城内与其策应。

"Give me liberty or give me death."（不自由，毋宁死。）这一至今广为流传的名言出自美国独立革命领导人之一、演说家帕特里克·亨利。在 1775 年弗吉尼亚第二届革命大会上，帕特里克·亨利在发表演说时提出了这一名言，号召北美殖民地人民团结起来反抗英国统治，并预言战争即将爆发。

"The only thing we have to fear is fear itself."（我们唯一不得不感到恐惧的就是恐惧本身。）这句人们经常引用的名言出自富兰克林·罗斯福总统于 1933 年 3 月 4 日的就职演说。当时美国正遭遇经济大萧条，处于严重困难时期，罗斯福在就职演讲上希望全国人民能够镇定自若，在危急时刻支持政府。

（五）社会生活

随着经济全球化的逐渐深入，英语国家的社会结构、产业结构发生了巨大变化，新事物、新潮流不断涌现出来，这也催生了一些新的词汇，其中的某些词汇由于具有显著的特点而演变为英语中的典故。例如,1959 年美国马特尔玩具公司推出了一款金发碧眼、身材苗条的盛装少女玩偶,并将其命名为 Barbie doll(芭比娃娃)。这些 Barbie doll 的服装紧跟时尚界的潮流,比一般的娃娃更受女孩子的喜爱。后来 Barbie doll 用来喻指注重外表与享乐却无头脑的女子。再如,美国国务院的原址位于原汉堡镇(现属于华盛顿),该镇由于南部沼泽地区经常在夜间释放对人体有害的雾气而被称为 Foggy Bottom(雾谷)。因此 Foggy Bottom 成为美国国务院的别称,现用来喻指国务院所使用的含混、隐晦的官方语言。

(六)影视作品

在人们日常生活中,电影是一种重要的娱乐方式。电影中的人物与故事情节常常成为人们津津乐道的话题。因此影视作品也成为英语典故的一个来源。例如:

A Clockwork Orange(发条橙)喻指被洗脑后失去个性的人,尤其是指个性受压制、按条件反射行事的人。这一典故来源于 1971 年出品的好莱坞电影《发条橙》,电影改编自同名小说。

"Make my day."(成全我这一天吧。)喻指对于对手的某种行为的强烈反应、高度兴奋,自信能战胜对手,肯定会马到成功。这一典故源自美国电影《警探哈里》。电影中一名叫"胡来的哈里"的警探拔枪对准一个也试图掏枪的犯罪嫌疑人,说:"Go ahead, make my day!"就此,这句话成为美国惯用语。

(七)体育运动

英美国家的体育运动十分发达,国民普遍都喜欢运动、健身。所以体育也成为人们经常谈论的话题。久而久之,英语中就出现了很多与体育相关的术语,有些术语经过转义还被广泛运用于日常生活领域,后演变为典故。例如:

strike out(三击不中而出局)喻指失败。该典故来自棒球术语,原意指击球手在比赛中三击不中就要退场。

be down and out(击倒出局)喻指经过努力而彻底失败或贫困潦倒,陷于完全无望的处境。这一典故源于拳击比赛中常用的术语,原意是指被对手击倒在地而遭淘汰。

carry the ball（做持球队员）喻指在某项行动或艰巨任务中承担最重要、最困难的职责。这一典故从橄榄球术语借用而来，原意是指在射门时充当持球队员。

have two strikes against someone（三击中已有两击不中）喻指处于极其不利的境地。这一典故从棒球比赛规则借用而来，原意是指球手三击不中就必须出局退场，因此，球手两击不中就很危险了。

not get to first base（尚未跑上一垒）喻指计划尚未启动，或者在计划开始实施或尝试之初就遭受挫折，又或者距离成功尚需时日甚至遥不可及。这一典故源自棒球，原意是指棒球击球手没有成功地跑到第一垒。

三、典故的翻译

典故是英语和汉语中一种共同而重要的语言现象。英汉典故是人类智慧的结晶，是语言的精华，有着极其丰富的文化底蕴。在准确把握中西典故文化差异的基础上，译者应采取灵活的翻译方法，准确地传递出典故所传达的意义。

（一）直译法

直译法是翻译典故的一种常见方法。直译即通过对原有形象进行保留，从而保留源语的民族特色。例如：

a gentleman's agreement　君子协定

A cat has nine lives.　猫有九命。

A rolling stone gathers no moss.　滚石不生苔。

画饼充饥　drawing a cake to satisfy your hunger

南辕北辙　to go south by driving one's chariot north

路遥知马力，日久见人心。

As distance tests a horse's strength, so time reveals a person's heart.

（二）意译法

由于英汉文化的差异，有些典故在翻译时无法保留源语的字面意义和形象意义，不便采用直译，这时需要意译。用意译法翻译，可以将典故的文化内涵传递出来。例如：

No smoke without fire.　无风不起浪。

One swallow does not make a summer.　一燕不成夏。

破釜沉舟　burned one's bridges

助纣为虐　aided the tyrant in his tyranny

（三）套译法

有些英汉典故在各自语言中可以找到与之对等的典故、成语或俗语，两者在意义、形象或风格上大致相同或相似，翻译时就可采取套译法，使译文读者获得与源语典故相同的文化信息。例如：

Like knows like.　英雄所见略同。

Like father，like son.　有其父必有其子。

Look before you leap.　三思而后行。

画蛇添足　paint the lily

竭泽而渔　kill the goose that lays the golden eggs

过河拆桥　kick down the ladder

船到桥头自然直。

You will cross the bridge when you come to it.

拾到篮里都是菜。

All is fish that come to the net.

在桂林山水王国中，在离都市最近的地方，有一个"世外桃源"。

Among the mountains and waters of Guilin, near the busy city, lies your dreaming Arcadia.

需要注意的是，典故不能随意套用使用。在翻译时，即使是一组意思相近的汉语和英语成语，也需要考虑二者的确切含义和感情色彩等的差异。

第五章　英汉生态文化对比与翻译

　　语言是文化的载体，不同民族的语言受到本民族文化的影响和制约，反映着各自特定的语言习惯。我国与西方国家相隔万里，地理位置、自然现象、历史背景、审美心理等千差万别，文化自然存在着很大的差异。这些差异造成了英汉语言的极大不同。英汉语言中动植物词汇的文化差异就是英汉民族文化差异在语言上的典型体现。假如不了解英汉语言的动植物词汇文化差异，就很难正确理解、翻译英汉语中的动植物词汇。因此，了解并掌握中西方国家动植物词汇的文化内涵差异，有助于译者准确翻译动植物词汇。本章笔者就中西方动植物文化语言差异及其等值翻译进行分析。

第一节　英汉动物文化与翻译

　　英汉民族所在的地域不同，生产生活方式不同，相同的动物对人们所起的作用也不同。因此，相同的动物在不同的语言环境中所具备的文化内涵也不尽相同。在翻译动物词汇时，一定要符合英汉双方的语言历史文化，不能只看单词的表面而忽视了其内在的文化含义。以下首先对英汉两种语言中部分常见的动物词语的文化差异进行分析，然后对英汉动物文化的等值翻译进行探讨。

一、中西方动物词汇的差异

在人类社会漫长的进化过程中，动物与人类的生存、发展有着密不可分的联系，它们曾是人类社会赖以生存的重要食物来源，也是人类最亲密的朋友。有关动物的词汇也因此成为人类各民族语言中的基本词汇。由于不同民族的文化不同，动物词汇的文化内涵也有所不同。

（一）相同动物词汇表示相同文化内涵

尽管东西方文化存在着巨大的差别，但是两者之间仍然存在一些相同之处。

1. 狐狸与 fox

在英语中，fox 常常具有"狡猾，诡计多端"的含义。例如：

play the fox　行为狡猾；as sly as a fox　像狐狸一样狡猾

An old fox is not easily snared.

老狐狸不会轻易被捉住。

汉语中的狐狸同样具有"奸诈狡猾，生性多疑"的含义，如"狐假虎威""满腹狐疑""狐疑不决"。

2. 驴与 ass

在英语中，an ass 表示 a foolish person，即"傻瓜"。而在汉语中也有"笨驴"的说法，用来指人时则表示"笨、愚"的意思。可见，ass 和"驴"的文化内涵是基本一致的。

3. 猪与 pig

在中国文化里，猪是"懒""馋""笨"的象征。例如，汉语中经常有"懒得像猪""肥得像猪""笨得像猪"之类的表达。另外，由于猪的特定形象以及它贪吃贪睡的习性，汉语中也有很多与之相关的贬义词，如"猪狗不如""猪朋狗友""泥猪瓦狗"等。然而，猪在中国文化中也有憨厚、可爱的形象，如中国民间有"金猪"一说，很多存钱罐都以猪的形象制作。由此可见，猪在中国文化中所具有的形象和喻义十分丰富，这反映了中国人对猪的复杂情感。西方文化中，pig 的文化内涵与中国的"猪"基本相同，即肮脏、贪婪、不顾他人、行为恶劣。因此，与猪有关的词语也经常带有贬义色彩。例如：

You mean you've eaten all three pieces of cake? You greedy pig!

你是说你把三块蛋糕全吃完了？你真是头贪吃的猪！

This place is a pigsty.

这地方又脏又乱，跟猪圈一样。

与中国文化不同的是，pig 还可以作为一个中性词出现。例如：

teach a pig to play on a flute　教猪吹笛；做不可能实现的事

pig it　住在肮脏的环境里

bring one's pigs to the wrong market　卖得吃亏；失败；失算

buy a pig in a poke　未见实物就买了

make a pig of oneself　吃得太多

pigs might fly　异想天开；无稽之谈

make a pig's ear out of something　弄得一团糟

pig in the middle　两头为难；左右不是

4. 孔雀与 peacock

在英语中，peacock 有"骄傲，炫耀"的意思。例如 as proud as a peacock（像孔雀那样骄傲）。在汉语中，孔雀也具有相似的含义，表示骄傲、虚荣。不过与英语不同的是，汉语中的孔雀还象征着吉祥好运。此外，还有一些英汉动物词汇的文化内涵是相同的。例如：

as free as a bird　像鸟儿一样自由

as slow as a snail　像蜗牛一样慢

as black as a crow　像乌鸦一样黑

as busy as a bee　像蜜蜂一样忙

（二）不同动物词汇表示相同的文化内涵

1. 老虎（tiger）与狮子（lion）

在西方文化中，百兽之王不是虎（tiger）而是狮子（lion）。在英语中，lion 是勇敢、凶猛、威严的象征。英国国王理查一世由于勇敢过人而被人称为 the Lion-Heart（狮心王），而英国人以 lion 为自己国家的象征。

在中国文化里，虎是"山兽之君""百兽之王"，是英勇大胆、健壮有力、坚决果断、威猛勇武的象征。中国文化里的"虎"与西方文化里的 lion 的文化内涵是相对应的。我国民间文化中常借虎以助威和驱邪，保佑安宁。传说中老虎还是神仙和道人的坐骑，道教首领张天师就是乘坐猛虎出行的。因此，虎的勇猛形象自然就成了英勇作战的将士们的象征，故汉语里有"虎将""虎士""将门虎子"之称，有"虎虎生威""九牛二虎之力""猛虎下山""如虎添翼""虎踞龙盘""虎背熊腰"等成语。不过，人们在尊虎为"百兽之王"外，对虎的凶狠及厌恶也毫不掩饰，如"虎穴""虎口拔牙""拦路虎""虎视眈眈"等词。

由此可见，英语中 lion 的文化内涵与汉语中老虎的文化内涵是相似的。因此，我们在翻译一些相关的词语时要注意这一点，即在对有关狮子或老虎的词语进行翻译时要做相关调整。例如，虎将（brave general）、虎胆英雄（hero as brave as a lion）、虎虎有生气（vigorous and energetic；be full of vigor）、虎背熊腰（of strong build）、勇猛如虎（as brave as a lion）、勇敢地战斗（fight like a lion）、名人，名流（great lion）、非常勇敢的（lion-hearted）、捧红某人（make a lion of）。

2. 马（horse）与牛（ox）

中国古代是农耕社会，牛是农业生产劳动中最重要的畜力，这种密切的联系使人们常常把牛当作喻体来形容人的品质。在中国文化中，牛是勤劳、坚韧、任劳任怨的象征，如俯首甘为孺子牛；还可以比喻事业兴旺发达、红红火火、蒸蒸日上，如牛气冲天。

在西方文化中，牛主要是用来做祭祀的一种动物。在西方的许多宗教活动中，祭牛是一种主要的仪式，献祭的牛被看作人间派往天国的使者；同时，在西方文化中，牛也是能忍受劳苦、任劳任怨的化身。例如 as patient as an ox（像牛一样具有耐力）。此外还有 a bull in china shop（闯进瓷器店里的公牛），该习语用来形容举止粗鲁、行为莽撞，动辄惹祸、招惹麻烦的人。由于英国气候湿润凉爽，不利农耕但适宜畜牧，所以牛的主要用途就是提供奶和肉。

正因如此，在西方国家，牛没有得到其在中国一样的重视。相反，牛在中国所得到的厚爱在英国却大都落到了马的身上。这是因为在英国历史上，人们打仗、运输和体育运动都离不开马，马也以其力量和速度受到人们的喜爱。所以，在表达同一意思时，汉语的"牛"往往和英语的 horse 相对应。例如：

（1）汉语的"吹牛"与英语的 talk horse 相对。

（2）汉语的"牛饮"在英语中就是 drink like a horse。

（3）"力大如牛"翻译为 as strong as a horse。

（4）"饭量大如牛"对应英语的 eat like a horse。

由此可见，牛和马的习语在英汉两种语言中有着各自的文化内涵，也反映出了不同民族都有其独特的生活环境、历史传统、思维方式和价值观念，这更有助于我们深入地了解英语国家的文化传统和风俗习惯，增强文化意识，提高语言运用能力。

（三）相同动物词汇表示不同文化内涵

由于受到不同的地理环境、历史、宗教等因素的影响，相同的动物可能在不同的民族中具有不同的文化内涵。

1. 鸡与 cock

中国文化中，雄鸡破晓而啼预示了一天的开始，象征着勤奋、努力和光明的前途。例如，《孟子·近心上》有云，"鸡鸣而起，孳孳为善者，舜之徒也"，意思是说"鸡一叫就起身，孜孜不倦地行善的，是舜这类人"，这是孟子对行善者勤勉、德行的赞美。而毛泽东的《浣溪沙·和柳亚子先生》中则有"一唱雄鸡天下白，万方乐奏有于阗，诗人兴会更无前"的诗句，表现了新中国朗朗乾坤之气象。

另外，由于"鸡"与"吉"同音，因此鸡在中国常有吉祥之意。例如，我国电影界有一个著名的奖项就是"金鸡奖"；市场上也有一些与鸡有关的品牌，如"金鸡牌"鞋油、"金鸡牌"闹钟、"大公鸡"香烟等。

在英语中，cock 有着丰富的文化内涵，主要体现在以下几个方面。

（1）具有宗教内涵

希腊神话中，由于 cock 引起人们对东升旭日的注意，故而它专门奉献给太阳神阿波罗；在罗马神话中，墨丘利是为众神传信并管商业、道路的神，cock 在清晨的啼叫使千行百业开始工作，故而是奉献给墨丘利的；在基督教传统中，cock通常被置于教堂的尖顶，它在清晨一声鸡叫，魔鬼便悼然隐退，故被视为圣物。

（2）具有好斗、自负的内涵

这与公鸡的习性有很大关系。英语中常用 cock 来描绘人好斗、自负的行为。例如：

He is too bloody cocksure about everything.

他对于每一件事都过于自信。

119

I've never heard such cock in my life.

我一生从未听说过这样的胡说八道。

The jury did not believe the witness' cock and bull story.

陪审团不相信证人的无稽之谈。

He's been cock of the office since our boss went back to America.

自从我们老板回了美国以后，他就一直是办公室里的霸王。

（3）具有迎宾的内涵

在英国的一些小酒馆里，人们经常可以看到 Cock and Pie 的字样。这里的 cock 就有"翘首以待来客"的含义。

2. 狗 与 dog

西方人与中国人都有养狗的习惯，但是两者对狗的看法和态度截然不同。在西方，狗（dog）是一种宠物，可以享受比较高的待遇。尤其对英国人而言，狗既可以帮助人们打猎、看门，也可以作为宠物或伙伴。在西方国家，人们常把狗看作他们的保护者和忠实的朋友，甚至把狗看成是他们家庭中的一员，因而常常把狗称作 she（她）或 he（他）。可见狗在西方文化中的形象比较积极、正面。正因如此，在英语中以"狗"作为喻体的词语多数含有褒义。西方人用 dog 指人时，其意思相当于 fellow，不仅没有贬义，相反还略带褒义，使语气诙谐风趣。例如：

a lucky dog　幸运儿

a jolly dog　快活的人

a lazy dog　懒汉

top dog　重要人物

Every dog has his day.

凡人皆有得意时。

He works like a dog.

他工作努力。

Love me，love my dog.

爱屋及乌。

英语中的 dog 一词除含有褒义之外，还有表示中性的含义，如 dog eat dog（残酷竞争）。当然，也有少数与"狗"有关的习语表示贬义。例如：

a dog in the manger　狗占马槽

a dead dog 失去价值、没有用处的人

a dirty dog 卑鄙小人、道德败坏的人

但总体而言，dog 在西方文化中褒义的成分居多。中国人自古就有养狗的习惯，但是中国人从民族感情、文化传统、思维方式上对狗并不像西方人那样亲近。狗在汉语文化中是一种卑微的动物。汉语中凡是同"狗"连在一起的成语、词组大都表示贬义。例如，狗仗人势、偷鸡摸狗、狼心狗肺、狐朋狗友、狗急跳墙、狗嘴里吐不出象牙、狗咬吕洞宾等，这些都是含有贬义的词语。

由此可见，英汉语言中"狗"的文化内涵有很大差异。因此，在翻译时我们需要注意两种语言之间的区别，否则就会造成误解。例如：

An old dog likes him never barks in vain. When he barks, he always has some wise counsel.

在翻译此句时，如果不了解英汉语言中"狗"的文化差异，将 an old dog 译为"老狗"，就会贻笑大方，造成误会。因为"老狗"在中国是骂人的话，而 an old dog 在英语中实际上是指"年事已高却经验丰富的人"，可以译为"行家老手"，因此上例应该译为：

像他这样的行家老手，从来不会随意发表意见，一旦发表，总有高见。

3. 猫与 cat

在西方文化中，猫（cat）有着各种各样的形象，但多以负面的形象出现。魔鬼撒旦常化身为黑猫游荡；在神话故事中，驾驭风暴的女神常化身为猫；女巫身边也总有黑猫陪伴。总之，英语中与猫相关的表达似乎都不太友好。例如：

old cat 脾气坏的老太婆

barber's cat 面黄肌瘦的人

copy cat 抄袭别人的人，看样学样的人

She is a cat.

她是一个包藏祸心的女人。

此外，西方人认为猫是一种具有很强生命力的动物。例如：

A cat has nine lives.

猫有九条命。

The hope could not be killed, as it had more lives than a cat.

这种希望是消灭不了的，它比猫更具有生命力。

而在汉语中，猫的比喻形象通常是温顺可爱的。我们即使在用"馋猫儿"比喻"馋嘴的人"时，通常也含有亲昵之情。当然，汉语中也有少数对"猫"不太好的说法，像"猫改不了偷腥""猫哭耗子假慈悲"等。但总体而言，汉语中猫的形象主要是积极、正面的。

4. 龙与 dragon

龙（dragon）是中西方神话传说中的动物。但实际上，西方人眼中的 dragon 和中国人眼中的"龙"所具有的文化内涵是大不相同的。

在西方文化中，dragon 一词基本上是含贬义的。在西方故事或神话中，dragon 是一种形似巨大蜥蜴、长着翅膀、长着脚爪、身上有鳞、口能喷火的凶残动物，是替魔鬼看守财宝的凶悍怪物。因此在西方，人们一般认为 dragon 是邪恶的代表，是恶魔的化身，是一种狰狞、凶残的怪兽，应该予以消灭。在一些描写圣徒和英雄的传说中讲到和龙这种怪物做斗争的事迹，多以龙被杀为结局。在《圣经》中，与上帝作对的恶魔撒旦被称为 the great dragon，一些杀死 dragon 的圣徒则被视为英雄；在希腊文化中，珀尔修斯在杀死女蛇怪美杜莎的归途中，从海怪毒龙手里救出了埃塞俄比亚公主安德洛墨达，这条"龙"就被描述成"可怕的吃人恶龙"（terrible dragon which eats men）。英语古诗《贝奥武夫》就是歌颂主人公与凶残暴虐的恶龙搏斗而取得胜利的英雄史诗。在现代英语中，dragon 用来指"凶暴的人"或"严厉的人"。

与西方文化不同，中国文化中的"龙"是神话中的动物，能腾云驾雾给人带来吉祥，是权力、力量、吉祥、繁荣的象征。在封建社会里，龙是帝王的象征，因此与皇帝有关的事物都加个"龙"字，如龙体、龙床、龙袍、龙颜、龙座、龙子龙孙等。汉语中有许多含有"龙"的成语都是褒义的，如"龙飞凤舞""龙腾虎跃"等，这些成语无不体现着龙在汉语文化中的内涵。时至今日，龙的形象已经成为中华民族的象征，至今海内外的中国人仍自称"龙的传人"，并以作为龙的传人而自豪。

由此可见，龙与 dragon 虽然都是神话中的动物，它们的文化内涵却相去甚远。随着近几年中西文化交流的不断加强，西方人士对中国的传统文化了解日渐增多，知道中国的"龙"与西方文化中的 dragon 有很大差异。因此，一些人在翻译"龙"时用 Chinese dragon 以示与西方 dragon 的区别。在翻译该动物时可以采用意译法，如"望子成龙"可以翻译为 hope one's children will have a bright future，或者 hold high hopes for one's child，如此翻译比较贴切。

5. 猫头鹰与 owl

在英语中，猫头鹰（owl）是一种机智、聪明的鸟，具有"聪明""严肃"的文化内涵，是智慧的象征。例如，owlish 与 owlishly 都可以用来形容严肃、机智、聪明，而 as wise as an owl 表示"像猫头鹰一样聪明"。

但是在中国人眼里，猫头鹰是不祥之物，其原因是猫头鹰夜间叫声凄惨。人们认为，看到猫头鹰或者听到猫头鹰叫意味着厄运、不吉利的事情即将来临。例如："猫头鹰进宅，好事不来。"

6. 鼠与 mouse、rat

在中国文化中，老鼠是贪婪可耻、坐享其成的象征。因此，人们经常会把一些贪官比作老鼠——"硕鼠硕鼠，勿食我黍"。由于老鼠在中国文化中极不受欢迎，在汉语中与"鼠"相关的词语很多都含有贬义。例如，贼眉鼠眼、抱头鼠窜、鼠目寸光、鼠雀之辈、胆小如鼠等，这些词语把中国人讨厌老鼠的心情一展无余。而且在日常生活中，人们常常把害人的事或人比喻为"过街老鼠"，所以人人喊打。

但在西方的影视作品里，我们却能够看到可爱、充满正义感和智慧的老鼠，像《米老鼠和唐老鸭》中的米老鼠 Mickey Mouse，《猫和老鼠》里的杰瑞 Jerry，《精灵鼠小弟》里的斯图尔特 Stuart。当然，英语里也不全是对老鼠的赞美之辞。例如：

as wet as a drowned rat　湿得像落汤鸡

as poor as a church mouse　一贫如洗

a rat in a hole　瓮中之鳖

You dirty rat!　你这个卑鄙小人！

另外，在某些词语中 rat 与鼠的文化内涵是相同的，如 as coward as a rat（胆小如鼠）。

7. 蝙蝠与 bat

蝙蝠（bat）喜欢居住在阴暗潮湿的地方，甚至还有吸人血的蝙蝠，故英国人认为蝙蝠是邪恶的动物，总是与邪恶、黑暗势力联系在一起。英语中的 vampire bat（吸血蝙蝠）更是令人不寒而栗。因此，英语中凡带有 bat 的词语大多含有贬义，如 as blind as a bat（有眼无珠）。另外 bat 在英语中还具有"失常""怪诞"的含义。例如：

crazy as a bat　精神失常

have bats in the belfry　异想天开

在中国文化中，蝙蝠是幸福、吉祥和健康的象征。这些联想很可能来自蝙蝠的名称——"蝠"与"福"同音。一些旧式家具上刻着蝙蝠，有些图画或图案把蝙蝠和鹿画在一起，颇受欢迎。这是因为"蝠鹿"读音同"福禄"一样，象征吉祥、幸福等。

8. 凤凰与 phoenix

在中国神话中，凤凰是主掌风雨的神鸟，也是鸟中之王。《史记》中就有"凤凰不与燕雀为群"之语。据此可知凤凰是指一种动物，但依古书记载，凤是雄性，凰是雌性。汉语中有百鸟朝凤、有凤来仪、凤毛麟角之类的成语。司马相如在《琴歌》中唱道："凤兮凤兮归故乡，遨游四海求其凰"，表达了他对卓文君的爱情。随着岁月的变迁，凤凰就被简化为了凤，象征富贵和吉祥，并逐渐成了皇后的代名词。到了今天，你会发现很多中国女性的名字里就有"凤"字。

龙和凤在中国文化中是不可分割的，它们共同构成了我国独特的龙凤文化。普通百姓生了男女双胞胎就称为"龙凤胎"，还有很多成语中也包含"龙""凤"二字，如"龙凤呈祥""龙驹凤雏""龙章凤彩""龙跃凤鸣""龙飞凤舞"等。

在西方文化中，phoenix 总是与复活、重生有关。相传 phoenix 是一种供奉于太阳神的神鸟。希腊历史学家希罗多德在公元前 5 世纪将其描述为一种有着红色和金色羽毛的、鹰一样的神鸟。phoenix 的生命周期是 500 年。在生命周期结束时，它会建造一个焚烧场所，并在其中烧成灰烬，然后从死灰中又会出现一只新的 phoenix。因此，phoenix 在基督文学作品乃至其他文学作品中象征着"复活"和"永生"。例如：

Much of the town was destroyed by bombs in the war but it was rebuilt and in the following decade rose from the ashes like the phoenix.

该城的大部分在战争中被炸弹摧毁但是又得以重建，并且在以后十年中像火中的凤凰一样从灰烬中再生。

9. 羊与 goat、lamb 、sheep

与汉语"羊"相对应的英语单词有三个，即 sheep、goat 和 lamb，但三者在英语中的形象是截然不同的。

（1）sheep 是驯顺、善良的象征，意指"胆小、温顺、虚弱或受压抑的人"。

（2）goat 往往具有贬义，不仅表示"淫乱""好色""替罪羊"等，还往往被认为是罪恶、魔鬼的帮凶，甚至被视为是恶魔的化身。例如，to get sb's goat（触动肝火）。

（3）lamb 在英语中的地位较高，因为它是基督教救世主的象征。耶稣就被称作"上帝的羔羊"（Lamb of God），可以带走世人在尘世间的罪恶。

由此可见，西方文化中的 sheep 和 lamb 通常是柔弱、温顺、迷途者的象征。这与西方的基督教文化有很大的关系。《圣经》中有 a lost sheep（迷途的羔羊）之说。因此，羊通常被视为无独立性、多受他人控制的角色。类似这样的意象还体现在其他词语中。例如：

like a lamb　顺从的

as innocent as a lamb　天真无邪如小羊

as meek as a lamb　性情温顺如小羊

a sheep among wolves　落在坏人手里的好人

like a sheep　无独立性 / 独创精神

sheep and goats　好人和坏人

follow like a sheep　盲从

sheep without a shepherd　群龙无首

like a sheep to the slaughter　似乎未意识到将入险境

通过上述例子可以看出，英语中 sheep 和 lamb 的构词能力很强，这与《圣经》起源于阿拉伯地区有关。因为阿拉伯人主要的生存方式之一便是游牧，于是羊就成了阿拉伯人民生活的主要内容，所以《圣经》中多处都提到了羊。

在中国文化中，羊有着"温柔善良""多才多艺""衣食无忧"等含义，但有时也带有"软弱可欺"的色彩。中国古代以农耕为主，羊在人们的生产、生活中处于辅助地位，且羊多具有柔弱、温顺的形象，如汉语中有"羊入虎口""饿虎扑羊""十羊九牧""悬羊打鼓"等成语。再如我国西部民歌《在那遥远的地方》中也有"我愿做一只小羊，跟在她身旁……"的歌词。

另外，羊在中国文化中也有吉祥的含义。《说文解字》曰："羊，祥也"。因此，很多意思美好的汉字中都带有"羊"，比如"祥""详""美""洋""养""馐"等。而古代器物铭文也多将"吉祥"写作"吉羊"。我国广州又称"羊城"，相传古时南海有五仙人骑着不同颜色的羊来到广州，将谷穗赠予人们，随后腾空而去，留下五羊化而为石，寓意"五谷丰登"。

10. 兔子与 hare、rabbit

兔子在中国文化中的形象较为复杂。它既有温顺、可爱、敏捷的一面，如"玉兔""兔辉""动如脱兔"等；又有狡猾、缺乏耐性的一面，如"狡兔三窟""狡兔死，走狗烹""兔子不吃窝边草""兔子尾巴长不了"等。另外，汉语中还有一些骂人的词语也带有"兔"字，如"兔崽子""兔孙子"等。

西方文化中，hare 和 rabbit 带有贬义，常指那些不可靠的、要弄花招的人。例如英语俚语中 hare 指坐车不买票的人，口语中的 rabbit 则多指拙劣的运动员（尤指网球运动员）。兔子在西方文化中的这种负面形象在其他词语中也有所体现。例如：

odd rabbit it　真该死

hare-brained　轻率的、愚蠢的、鲁莽的

make hare of somebody　愚弄某人

breed like rabbits　生过很多的孩子

mad as a march hare　十分疯狂的、野性大发的

rabbit on about sb./sth.　信口开河；絮絮不休地抱怨

二、英汉语言中动物的等值翻译

（一）保留形象直译

在翻译动物词汇时，如果英汉动物词汇的表达形式和文化内涵都是相同的，也就是说，当英语和汉语用动物词汇表示事物性质或者人物品质，并且其在意义形象、风格上是相同的或者具有相似之处时，我们就可以"对号入座"，保留原文的动物形象进行直译。例如：

as faithful as a dog　像狗一样忠诚

barking dogs do not bite　吠犬不咬人

as sly as a fox　像狐狸一样狡猾

to drain the pond to catch all the fish　竭泽而渔

feel just like fish in water　如鱼得水

the great fish eat small fish　大鱼吃小鱼

to play the lute to a cow　对牛弹琴

to stir up the grass and alert the snake　打草惊蛇

to be like a frog at the bottom of a well　井底之蛙

Don't make yourself a mouse, or the cat will eat you.

不要把自己当老鼠，否则肯定被猫吃。

（二）改换形象套译

在翻译动物词语时，将其在源语中的象征意义传达到目的语中或者用目的语中具有的相同象征意义的词来替代即可。例如：

a lion in the way　拦路虎

as happy as a cow　快乐得像只鸟

teach a pig to play on a flute　赶鸭子上架

Don't believe him, he often talks horse.

不要信他，他常吹牛。

Better be the head of a dog than the tail of a lion.

宁做鸡头，不做凤尾。

It had been raining all day and I came home like a drowned rat.

雨下了一整天，我到家时浇得像一只落汤鸡。

（三）舍弃形象意译

当无法保留动物形象进行直译，并且无法改变动物形象进行套译时，我们可以舍弃原文中的动物形象进行意译。例如：

big fish　大亨

top dog　最重要的人物

be like a bear with a sore head　脾气暴躁

Dog does not eat dog.

同类不相残。

It rains cats and dogs.

下着倾盆大雨。

Last night, I heard him driving his pigs to market.

昨夜，我听见他鼾声如雷。

My mother will have a cow when I tell her.

我妈妈听说后一定会发怒的。

第二节　英汉植物文化与翻译

语言作为文化的载体，受到了文化的深刻影响。在人类社会长期发展的过程中，语言中的植物词汇也被打上了文化烙印。因此，具有不同文化的民族，其语言中植物词汇也具有不同的文化内涵。以下将对比英汉语言中的植物词汇的文化内涵，并对其等值翻译进行探索。

一、英汉植物文化的语言差异

（一）文化内涵相同或相似的植物词汇

1. 百合与 lily

百合（lily）在中国是一种吉祥之花、祝福之花。其具有洁白无瑕的颜色和"百年好合"的联想意义，因而得到了中国人的普遍喜爱。福建省南平市、浙江省湖州市以及辽宁省铁岭市都把百合作为市花。而我国古代文人也有咏颂百合的诗词。例如：

百合花

宋·韩维

真葩固自异，美艳照华馆。

叶间鹅翅黄，蕊极银丝满。

并蒂虽可佳，幽根独无伴。

才思美游蜂，低飞时款款。

另外，百合不仅外观美丽，医学价值也很大。中医认为百合具有养心安神、润肺止咳的功效。因此百合也常被用作食材，出现在人们的日常饮食之中。

西方文化中，lily 通常象征贞节、纯真和纯洁。例如，在"圣母领报节"（the Annunciation/Lady Day）的宗教图画中经常有这样一个场景：天使加百列手持百合花枝，奉告圣母玛利亚耶稣即将诞生。而正跪着祈祷的玛利亚面前就放着一个插着百合花的花瓶。因此，lily 经常和 white 搭配，表达"纯白""天真""完美"之意。例如：

He marveled at her lily–white hands.

他惊讶于她洁白的双手。

It's ironic that he should criticize such conduct—he's not exactly lily–white himself.

讽刺的是，他自己也不是毫无过错，竟然还批评别人的行为。

All in one with ordinary, especial, tradition, open, vogue, simplicity, gumption, eremitic etc., deeply understood world but who is keeping a lily–white heart.

平凡、特别、传统、开放、时尚、朴素、进取、退舍等集于一身，深知世故却保持一颗纯真的心。

另外，lily 有时还有"胆小、怯懦""娘娘腔的男人"等含义。例如：

But its lily–livered approach might, in fact, be the right one.

但实际上这种胆小的做法也许是正确的。

2. 桂树与 laurel

桂树（laurel）象征吉祥、美好、荣誉、骄傲。在英汉两种语言中，人们都把桂树和"出类拔萃""荣誉"等联系在一起。英美两国喜欢用桂枝编成花环戴在勇士和诗人的头上，桂枝后来渐渐成了荣誉和成功的象征。在英美国家，人们把那些取得杰出成就、声名卓著的诗人称为"桂冠诗人"（poet laureate）。英语中的 gain/win one's laurels 表示"赢得荣誉"，look to one's laurels 则表示"小心翼翼地保持荣誉"；英语中的另一短语 rest on one's laurels 则指满足于既得之功、不思进取，躺在过去的成绩簿上睡大觉。中国封建社会的举人若考中了状元，则被称为"蟾宫折桂"。现代汉语依然沿用了"折桂"这一说法，喻指在考试、比赛中夺得了第一名，相当于英语中的 gain one's laurels。

3. 橡树与 oak

橡树（oak）具有高大挺拔、质地坚硬的特点。在英语文化中，oak 象征勇敢者、坚强者。例如：

a heart of oak 坚忍不拔者；刚强果断的人

Oak may bend but will not break.

像橡树一样弯而不折。

在汉语中，橡树常常用以形容坚强不屈的男性，如当代女诗人舒婷在其《致橡树》一诗中就把自己的爱人比喻为一株橡树。

4. 玫瑰与 rose

玫瑰（rose）在英汉语言中都象征着爱情、爱与美、勇敢、高贵。

英语中借玫瑰歌颂爱情的诗歌很多。如苏格兰农民诗人罗伯特·彭斯脍炙人口的诗句："My love's like a red red rose."（我的爱人是一朵红红的玫瑰。）而玫瑰与百合放在一起（lilies and roses）则用来形容女性的"花容月貌"。

汉语中也有不少关于玫瑰的诗句，如"秾艳尽怜胜彩绘，嘉名谁赠作玫瑰"。曹雪芹在《红楼梦》中用玫瑰来刻画三姑娘探春的美丽形象和性格。

此外，英语中的 rose 有保持安静的意思，如在会桌上悬挂一枝玫瑰就意味着要保持安静；而汉语当中常把漂亮而不易接近的女性比喻为"带刺的玫瑰"，这是二者寓意的不同之处。

5. 桃花与 peach blossom

桃花（peach blossom）外形优雅，色彩略带粉色，受到人们的喜爱，常常用以比喻"美人，美好的东西或人"。英汉两个民族都喜欢用桃花来形容皮肤细洁、白里透红的妙龄少女。

在英语中，peach（桃）可以表示美好的事物。例如 a peach of a room（漂亮的房间）；而"She is really a peach."则常用来形容漂亮有吸引力的女子。桃花色还常常被用来形容女性白里透红的肤色，特别是双颊的颜色。

在汉语中也有"人面桃花相映红""山桃红花满上头，蜀江春水拍山流。花红易衰似郎意，水流无限似侬愁"等诗句。

（二）文化内涵不同的植物词汇

1. 牡丹与 peony

在西方国家，peony 一词源于神医皮恩（Paeon, the God of Healing），确切来说，peony 是以皮恩的名字命名的。这源于皮恩曾经用牡丹的根治好了天神宙斯之子海克力斯。因此在西方文化中，牡丹被看作具有魔力的花；而在欧洲，牡丹花与不带刺的玫瑰一样，都象征着基督教中的圣母玛利亚。

在中国，牡丹象征着富贵、华丽、高雅。这些象征意义从我国的传统工艺美术作品中可以窥见一斑。在我国的传统工艺美术作品中，牡丹与海棠在一起有"门庭光耀"的含义，牡丹与芙蓉在一起有"荣华富贵"的含义，牡丹与长春花在一起则有"富贵长春"的意义，而牡丹与水仙在一起则有"神佑富贵"的含义。

2. 柳与 willow

英语中的 willow 大多指失恋或死亡。例如，weeping willow 既可以表示垂枝的柳，又可以表示"垂泪的柳"，这源于以前英国人带柳叶花圈以示哀悼的习俗；wear the willow 是指"服丧；戴孝""悼念爱人的死；痛失所爱的人"或"被情人遗弃，失恋闺中"。人们还使用 sing willow、wear the willow garland 或 wear the green willow 来表示"服丧""悲叹爱人之死"。另外，在西方 willow 还被用来祛病驱邪。在复活节前的星期日，西方人常用柳树来祈福，并将其挂在家中以驱赶所有的邪恶。

在汉语中，柳树是"离别"的象征，常被用来表达忧伤离别之情。故有"迎客松，送客柳"之说。一方面是因为"柳"与"留"谐音，含有"挽留"的意思；另一方面则是因为柳条纤细柔韧，象征情意绵绵、永不相忘。汉语诗歌中凡是折柳赠别的诗词，都包含着离情别绪，令人忧伤。例如：

昔我往矣，杨柳依依，今我来思，雨雪霏霏。

（《诗经·采薇》）

春色三分，二分尘土，一分流水。细看来，不是杨花，点点是离人泪。

（苏轼《水龙吟》）

清江一曲柳千条，二十年前旧板桥。曾与美人桥上别，恨无消息到今朝。

（刘禹锡《柳枝词》）

这些诗句以柳为基调，充满了依依惜别之情。所以在汉语中，"折柳、折枝、攀枝、柳色、杨花"等可表示"离情别恨"。此外，中国人千百年来受中国诗词的熏陶，对"垂柳""杨柳"有一种诗情画意的联想。

柳树（willow）在英汉两种语言中虽然都有"忧伤"的联想意义，但英语中所指的"忧伤"是由死亡所造成的，而汉语中的"忧伤"则是由离愁引起的。因此，柳树的文化内涵实际上是不相同的。

3. 红豆与 red bean

红豆在汉语中又被称为"相思豆"，象征着爱情、思念。这一含义出自王维的《相思》："红豆生南国，春来发几枝，愿君多采撷，此物最相思。"但是在英语中，红豆却没有这样的联想意义。在英语中，red bean 使人联想到的是《圣经》中的以扫，他为了一碗红豆汤而出卖了自己的长子权。英语的习语 sell one's birthright for some red-bean stew 表示"见利忘义，为了微小的眼前利益出卖原则"。所以，外国人难以理解中国人以 red bean 表示爱情的原因。因此在翻译时，我们可以将红豆翻译为 red berries 或者 love bean，避免产生误解。

二、英汉语言中植物的等值翻译

（一）保留形象直译

如果某一种植物词汇在英汉语言中具有相同的文化内涵，或者文化内涵大致相同，即源语中的植物词汇在译入语中可以找到相同的对应植物的形象，或者是相似的对应植物的形象时，我们就可以采取保留植物形象直译的方法。例如：

peachy cheeks　桃腮

laurel wreath　桂冠

Oak may bend but will not break.

橡树会弯不会断。

使用直译的方法不仅能够保留源语的文化特征，传递原文的风格，再现原文的神韵，而且能够使译文生动活泼，增进英汉文化的交流，丰富译文的语言。

（二）舍弃形象意译

在翻译植物词汇时，我们可以舍弃源语中的植物形象进行意译，即抛弃原文的表达形式而只译出原文的联想意义。例如：

harass the cherries　骚扰新兵

He is practically off his onion about her.

他对她简直是神魂颠倒了。

Every bean has its black.

凡人各有短处。

If you lie upon roses when young, you will lie upon thorns when old.

少壮不努力，老大徒伤悲。

（三）直译加注释法

在翻译植物词汇时，有时为了保留原文的异域风味，丰富民族语言，同时便于读者对译入语的理解，译者会使用直译加注释法进行翻译，即在翻译原文的植物词汇时保留原文的植物形象，同时阐释其文化意义。例如：

as like as two peas in pot　就像锅里的两粒豆（一模一样）

A rolling stone gathers no moss.

滚石不生苔（改行不聚财）。

While it may seem to be painting the lily, I should like to add something to your beautiful drawing.

我想给你漂亮的画上稍加几笔，尽管这也许是为百合花上色，费力不讨好。

（四）转换形象翻译

植物词汇一般具有两层含义，一层是字面意义，另一层是由其引申而来的文化联想含义。字面意义相同的植物词汇，其联想含义可能不一致，而字面意义不同的植物词汇，其文化联想含义又可能一致。但一种语言一旦被翻译为另一种语言，译入语的读者就会按照自己民族的文化传统来解读植物词汇所具有的文化内涵。因此，当一种植物在英汉语言中所具有的文化内涵不一样的时候，译者在翻译植物词汇时就不得不考虑两种语言的文化差异、译入语的文化传统以及译入语读者的习惯，并据此调整植物词汇在译入语中的表达方式。例如：

as red as a rose　艳若桃李

spring up likc mushrooms　雨后春笋

potatoes and roses　粗茶淡饭

My new jeep is a lemon.

我的新吉普真是个蹩脚货。

Oaks may fall when reeds stand the storm.

树大招风。

结　语

互译工作较为神秘，但是并不存在无法解读的秘密。因此在展开互译对策应用的进程中，不能粗制滥造，又或者是一字不落，而应当是"惜字如金"，尽可能应用最少的语言来表达出最大化的信息，进而使英汉互译工作展开持续优化与创新。译者在展开英汉互译工作的进程中，必须与实际情况相结合，高度重视互译工作事业及对专业知识的较高要求。

一、意译

意译是英语翻译的一个主要方式，主要指的是在进行英语翻译工作时，应最大程度考量中西方文化中所存在的文化差异，保留英语短语中的内在含义。比如"I give you a knife."直译为"我给你一把刀"，但实际上这一短语可意译为"我给你一刀"；"Break a leg"直译为"摔断腿"，而意译则是"祝你好运"；"yellow dog"直译为"黄色的狗"，而意译是"卑鄙小人"。因此在展开意译的进程中，需要正确掌握英语语句的内在含义，在中国文化中找寻相应的翻译语句，以便更为简练、清晰地开展英语翻译工作。

二、充分运用现代化信息技术，展开互译对策的创新

英语翻译对策的应用是非常必要的，特别是十分重要的英语翻译场合，翻

译法常常可以更满足英语翻译的实际需要。通过翻译对策的应用，译者能够在最短的时间内完成英语翻译的主要指导目标，借此提升英语翻译工作的整体效率，在英语文化的背景之下，优化英语翻译工作的整体内容。在对英语翻译展开实际研究的过程中，翻译人员可以通过互联网平台对英语翻译背景展开全方位的调查，进而可以更加全面、生动、形象地提出翻译内容的寓意与内涵，借助语境下英语的表达技巧展开实际的英语翻译工作。在现有翻译工作发展的背景之下，英语翻译的方式则变得十分重要，它需要翻译工作人员展开理论知识的自我提高和发展，树立一生学习英语翻译的意识，最大程度通过现有的翻译资源，通过基础理论知识和实践翻译相结合，创造出符合自身英语翻译的道路。互联网对于英语翻译有着极大影响，英语翻译者应当积极探究出更多科学、合理的方式与方法，来引导互联网对于英语翻译发展的直接影响，进而在一定限度上有效推进英语翻译工作的革新发展。互联网对英语翻译所带来的影响是十分明显且无法避免的。作为英语翻译工作人员，应当积极主动地面对这一影响，并且勇于接受所带来的挑战，进而保留最佳的翻译内容。

三、尊重文化事实，根据实际情况展开互译分析

互译工作人员在实际展开互译工作的进程中，应当充分尊重客观事实，根据实际情况分析、展开互译对策的应用。现阶段，一些互译工作人员在展开英语互译的过程中会遇到较多的实际问题。为了在互译对策应用的进程中尽可能避免出现较为死板、缺少活力的情况，应当鼓励互译工作人员勇于参加到英语互译学习沟通的活动中，并且对经典的英语互译案例展开分析。通过大量的互译实践可以知道，在实际展开英语互译沟通的活动中，大多数互译工作人员会依照自身已有的理论知识及多年工作经验与他人展开沟通与交流，这会使沟通与交流的过程变得没有意义。这种情况下，就需要举办有关培训与沟通活动的工作人员为互译工作人员在沟通活动中提供充足的发言机会，并踊跃使用优质的英语互译小技巧，进而有效推进英语互译工作的进步。此外，互译工作人员在参加沟通活动与实际互译的工作中，为了能够有效激发自身对英语互译工作的创新性及发散思维，让自己不再受到以往不符合实际需求的专业理论知识的约束，让自身能够具有充足的英语互译发挥平台，并使自己在英语互译中对策

的应用与社会时代发展的步伐保持一致，互译工作人员就不应当故步自封，而是应当积极地面对充满挑战的英语互译工作，借此推进英语互译工作的良好发展。

四、优化翻译方式

在英语翻译工作中，翻译对策具有较多的方法与方式，但是最主要的是英语翻译工作人员应当对英语翻译结构有一个极为清晰的认知，并且在实际展开英语翻译工作的进程中形成一个优良的英语翻译习惯。但是这一英语翻译习惯的形成需要一个极为漫长的过程，英语翻译者需注意不能过于心切，而是应当通过充分探究与了解中西方文化存有的不同及相同之处，并且充分尊重中西方文化的差异。英语和汉语的起源与构成是在文化差异背景下而形成的，因此应当运用"求同存异"的方式正确对待英语翻译方式的相同和不同。中西文化虽然存有一定的差异，却也是融会贯通的。因此，翻译人员应当结合英语翻译的实际背景，选取最佳的方案开展英语翻译工作。翻译工作人员应当依据翻译工作的实际情况，多与跨文化背景的人员展开英语翻译工作的沟通，对英语翻译的方式与方法展开持续的总结与优化，运用恰当的对策来展开英语翻译工作。

当今国际一体化的快速发展，使得语言互通、文化互通变得越发重要，尤其对互译工作而言，怎样在多元化环境下保持我国的优秀文化，并且持续传承我国优秀的传统文化，是一个需要密切思考的问题。英汉互译工作是一个极为重要的互译工作内容，并且互译工作人员自身的专业素养及互译对策的应用，会直接影响互译工作效率的成果及完美的程度。因此，我国应当意识到中西方文化的差异，真正提高英语翻译人员的翻译能力。

参考文献

[1] 孔丘. 诗经 [M]. 杨允，编译. 沈阳：万卷出版有限责任公司，2018.

[2] 孔丘. 论语 [M]. 杨伯峻，杨逢彬，注译. 长沙：岳麓书社，2018.

[3] 左丘明. 左传 [M]. 武汉：崇文书局，2017.

[4] 康德. 纯粹理性批判 [M]. 蓝公武，译. 北京：商务印书馆，2017.

[5] 班固. 汉书 [M]. 西安：三秦出版社，2009.

[6] 司马迁. 史记 [M]. 哈尔滨：北方文艺出版社，2019.

[7] 许慎. 说文解字 [M]. 长沙：岳麓书社，2019.

[8] 陈寿. 三国志 [M]. 北京：团结出版社，2017.

[9] 戴维斯. 中西文化之鉴：跨文化交际教程 [M]. 北京：外语教学与研究出版社，2010.

[10] 霍尔. 超越文化 [M]. 居延安，译. 上海：上海文化出版社，1988.

[11] 黄奭. 神农本草经 [M]. 北京：中医古籍出版社，1982.

[12] 范公偁. 过庭录 [M]. 北京：中华书局，1985.

[13] 刘安. 淮南子 [M]. 哈尔滨：北方文艺出版社，2018.

[14] 泰勒. 原始文化 [M]. 杭州：浙江人民出版社，1988.

[15] 白晶，姜丽斐，付颖. 跨文化视野下中西经典文学翻译研究 [M]. 长春：吉林大学出版社，2018.

[16] 陈莉. 中西旅游文化与翻译研究 [M]. 北京：中国商务出版社，2018.

[17] 陈晓红. 中西文化与翻译教学实践研究 [M]. 成都：电子科技大学出版社，2018.

[18] 辜正坤. 中西文化比较与翻译研究：第 1 辑 [M]. 北京：高等教育出版社，2016.

[19] 郭秀伟. 中西文化翻译概述 [M]. 沈阳：沈阳出版社，2015.

[20] 华先发 . 翻译与文化研究：第 11 辑 [M]. 武汉：武汉大学出版社，2018.

[21] 林巍 . 中西文化比较及翻译研究 [M]. 上海：华东理工大学出版社，2009.

[22] 林莺，赵淑华 . 中西文化视域下的语言、思维、翻译与艺术 [M]. 武汉：武汉理工大学出
版社，2021.

[23] 刘芳琼 . 英语翻译与中西文化对比融合研究 [M]. 北京：九州出版社，2020.

[24] 陆羽 . 茶经 [M]. 北京：北京时代华文书局，2020.

[25] 秦初阳，赵仕君 . 文化观照下的中西语言及翻译 [M]. 长春：吉林人民出版社，2017.

[26] 秦礼峰 . 中西文化差异下的英汉翻译技巧研究 [M]. 成都：电子科技大学出版社，2017.

[27] 上海辞书出版社 . 辞海 [M]. 上海：上海辞书出版社，2020.

[28] 谭载喜 . 奈达论翻译 [M]. 北京：中国对外翻译出版公司，1984.

[29] 王宏印 . 英汉翻译综合教程 [M]. 大连：辽宁师范大学出版社，2002.

[30] 王锦民 . 周易新注 [M]. 北京：中华书局，2022

[31] 蔚然，赵韶丽，杜会 . 当代英语翻译理论与实践的多维视角研究 [M]. 北京：中国商务出
版社，2019.

[32] 魏昭颖 . 中西旅游文化比较与翻译研究 [M]. 北京：北京工业大学出版社，2019.

[33] 吴尚义 . 语言与文化研究：第 14 辑 [M]. 北京：知识产权出版社，2014.

[34] 杨伯峻，杨逢彬 . 孟子 [M]. 长沙：岳麓书社，2021.

[35] 杨芙蓉 . 中西语言文化差异下的翻译探究 [M]. 北京：中国水利水电出版社，2017.

[36] 张传彪 . 道与逻各斯的对话 汉英翻译与中西文化散论 [M]. 北京：国防工业出版社，2012.

[37] 张丹 . 多维视角中西文化与翻译对比研究 [M]. 北京：北京工业大学出版社，2021.

[38] 朱光潜 . 给青年的十二封信 [M]. 北京：当代世界出版社，2019.